お茶の時間の
イギリス菓子

伝統の味、地方の味

砂古玉緒

Would you like a cup of tea ?

「おいしい紅茶をいっしょにいかが？」とイギリス人はよく言います。
このフレーズがあまりにも日常的に使われるために、
my cup of tea（私の紅茶）は、「私のお気に入り」、
「大好きなもの」という意味をもつようになりました。
さらに短くして、Cuppa！ という言葉も生まれたほどです。
それほど、お茶の時間はイギリス人にとって大切なものです。
そして紅茶の横には必ず、素朴なスコーンやイギリス伝統のお菓子たちがあります。

イギリス菓子の奥深き世界、
心豊かなイギリスのティータイム菓子の世界へ、ようこそ。

は　じ　め　に

　私のイギリス菓子との出会いは今から18年前。イギリスに生活の拠点を移したころの話です。渡英後まもなく、イギリス人のお隣さんにティータイムに招かれ、そこでいただいた手作りのイギリス菓子とミルクティーのなんともおいしかったこと！　それがきっかけとなり、私の長いイギリス菓子の探求の旅が始まりました。イギリス菓子の素朴なおいしさに魅せられて、深く知れば知るほど、多くの人に知ってもらいたいと思うようになりました。

　のべ10年の在英中に学んだのは、イギリス菓子の作り方だけでなく、その背景に見えてくるお菓子の歴史や、むかしのイギリスの人々の暮らしの様子です。素朴な味の陰には、素朴なりの理由があり、母から子へ、そのまた子へと伝統の味は受け継がれ、ときには姿を変えて、あるいは、むかしのままの姿で、今もイギリス人の生活にぴったりと寄り添って、愛され続けています。イギリスと日本の両国で開催する私の教室や講演では、お菓子作りだけでなく、そのお菓子にまつわる由来をお伝えするようにしています。その全体像こそ、「イギリス菓子」の魅力であり、本当の姿だからです。

　本書では、私がイギリス生活のなかで出会った、ティータイムにぴったりのおいしいイギリス菓子を厳選してご紹介しています。素朴な味が魅力のビスケットや、不滅の定番お菓子、季節のお菓子、地方のめずらしいお菓子もたくさんあります。

　ただ、手元にお菓子と紅茶があれば、ゆったり贅沢な時間を過ごせる、そんな魅力が、イギリスのティータイムにはあります。どうぞ本書を開いたら、お好きなものや気になったお菓子から作ってみて、気軽にティータイムをお楽しみください。

　私の大好きなイギリスの味が、みなさんのお気に入りのお菓子のひとつになればとても幸せです。

Contents ●目次

- 3 はじめに
- 6 作り始める前にチェック! **本書レシピのお約束**

Part 1 ビスケットとスコーン

ビスケット
- 11 オートミールのビスケット
- 14 イースタービスケット
- 15 全粒粉のビスケット
- 16 シナモンビスケット
  - ココナッツマカロン
- 17 チーズビスケット
  - オートミールのクランベリービスケット
- 18 ティーリーフビスケット
- 19 絞り出しバタービスケット
  - オートミールのチョコレートビスケット
- 20 メルティングモメント

ショートブレッド
- 23 ペティコートテイルショートブレッド
- 26 チョコチップショートブレッド
- 27 ミリオネアショートブレッド

フラップジャック
- 28 フラップジャック
- 29 ドライフルーツのフラップジャック

スコーン
- 31 田舎スコーン
- 34 ロンドンのスコーン
- 36 セイボリースコーン
- 37 ヨーク地方のチーズスコーン
- 38 コーニッシュロックケーキ
- 39 トリークルスコーン
  - 全粒粉のレーズンスコーン

ティータイム入門
- 43 飾らないおいしさ「クリームティー」スタイル
- 44 アフタヌーンティーの基本のルール
- 46 サンドイッチも用意して
  - きゅうりのサンドイッチ
  - サーモンのサンドイッチ
  - ローストビーフのサンドイッチ
  - ハムのサンドイッチ
- 48 イギリスのお茶の時間割

Part 2 ケーキ

- 51 バナナブレッド
- 54 レモンドリズルケーキ
- 55 パーキンローフ
- 56 いちじくのケーキ
- 57 ウェールズ地方のボイルドフルーツケーキ
- 59 ヴィクトリアサンドイッチケーキ
- 60 スコットランドのダンディーケーキ
- 62 ブリティッシュティーケーキ
- 64 オレンジポピーシードケーキ
- 65 チョコレートブラウニー
- 66 バッテンバーグケーキ
- 68 ウェリッシュケーキ（ウェールズ地方のおやき）
- 69 イギリスのパンケーキ
- 70 バタフライカップケーキ
- 72 キャロットケーキ
- 74 伝統のクリスマスケーキ

Part 3 タルトとパイ

- 79 バノフィーパイ
- 80 〜タルト型で作るなら
- 80・81 ショートクラスト生地を作る
- 82 レモンメレンゲパイ
- 83 レモンカード
- 84 トリークルタルト
- 86 ベイクウェルスライス
- 88 アップルパイ
- 88・89 パフ生地を作る
- 92 パフミンスパイ
- 93 クイックミンスミート
- 94 メイズオブオナー

Part 4 プディングとデザート

- 103 オレンジプディング
- 105 〜プディングボウルで作るなら
- 106 チョコレートプディング
- 107 伝統のブレッドプディング
- 108 サマープディング
- 110 ビートン夫人のブレッド＆バタープディング
- 112 デヴォンのアップルダッピー
- 114 ミックスベリークランブルケーキ
- 115 アップル＆ブラックベリークランブル
- 116 パウロヴァ
- 117 イートンメス
- 118 オレンジのゼリー
- 119 トライフル
- 119 〜ひとり分ずつグラスに盛るなら

イギリスだより

- 8 古い道具こそ現役で使いたい
- 13 古いほど愛されるビスケット缶
- 20 裁判で勝ったビスケット
- 21 イギリスのスーパーで人気のビスケット図鑑
- 24 機能美を備えたイギリスのシュガースプーン
- 33 チャールズ皇太子ブランドの有機小麦粉
- 40 おいしいクロテッドクリームを求めて
- 41 クロテッドクリーム(レシピ)
- 57 ウェールズの「ラブスプーン」
- 59 失意の女王をなぐさめたお菓子
- 62 「ティーケーキ」とアフタヌーンティーの始まり
- 69 便利なパンケーキミックス
- 70 ロンドンで流行中のカラフルカップケーキ
- 76 「クリスマスの真珠」宿り木のお話
- 91 りんごの国イギリスの「アップルデー」
- 95 鉄の箱に入れられたレシピ
- 96 訪れてみたい、イギリスの味のふるさと
- 98 イギリスの母の味、マーマレード
- 100 甘夏みかんのマーマレード(レシピ)
- 110 ビートン夫人の家政書で巡る古書のたのしみ
- 118 心奪われるゼリーモールド
- 120 イギリスの「季節の味」
- 121 フレッシュルバーブで作るジャム(レシピ)

- 122 おうちで簡単手作り
  おいしさアップの特製レシピ
  - なめらかカスタードソース
  - 簡単トライフルスポンジ
  - 生クリームで作るトフィー
- 124 レシピではお伝えしきれなかった
  基本のテクニック

- 126 イギリスお菓子MAP
- 127 おわりに

作り始める前にチェック！ **本書レシピのお約束**

本書のイギリス菓子を作るために必要な、おもな材料と道具をご紹介します。
特に材料は、イギリスのものを使って作るのと、日本のもので作るのでは、仕上がりの姿や食感が大きく異なります。
そこで本書では、日本の身近な材料で本場に近い雰囲気と味を作ることができるように、
試作し直して、イギリスで作っていたときのレシピから材料や配合を改めました。
選りすぐりのものを集めましたので参考にしてご用意ください。

【材料】

バター
食塩不使用のものを使用します。「室温でバターをやわらかくする」とあるときは、すっと指が抵抗なく入るくらいのやわらかさを目安にします。バターの形が崩れてしまうのは、やわらかくしすぎです。室温が低いとやわらかくなるまでに意外と時間がかかるので、時間配分を考えましょう。「サイコロ状に切って冷蔵庫で冷やしておく」ときは、冷えて堅いバターを2cm角にカットし、使う直前まで冷蔵庫で冷やしておきます。

室温でやわらかくしたバター

サイコロ状に切ったバター

粉糖
粉糖はグラニュー糖よりもさらに粒子が細かいので材料と混ざりやすく、焼き上がりもサクッと口どけのよいものになります。材料表に「純粉糖」とあるときは、コーンスターチを含まないグラニュー糖100％の粉糖を使います。生地に使う粉糖は、この純粉糖がおすすめです。仕上げにふるデコレーション用の粉糖は、時間が経っても溶けて消えない「なかない粉糖」を使います。いずれも製菓材料として市販されています。

代用アドバイス●なかない粉糖がない場合は、普通の粉糖を食べる直前にふって、消えないうちにいただきましょう。

オートミール
イギリスのスコットランドでは、オーツ麦（燕麦）を蒸し、平たく押し麦にした「オーツ」をよく使います。日本では、「オートミール」という名前で購入できます。粒の大小は、粒の形がそのまま見える大きなものや、粉砕が進んだ粉状のものなど、さまざまありますが、選ぶときには写真のように、粒の大きなものがおすすめです。本書では、材料表など、日本の食材としては「オートミール」と、それ以外の読みものなどでは「オーツ」と表記しています。

グラニュー糖
グラニュー糖は製菓用の「粒の細かいタイプ（細粒）」を使います。粉類とむらなく混ざりやすく、液体に加えても溶けやすく、使い勝手にすぐれています。

代用アドバイス●なければ普通のグラニュー糖で代用してください。

薄力粉
ごく一般的で購入しやすいバイオレット（商品名・日清）を使用しています。ほかにも身近で手に入るものでかまいませんし、お気に入りの薄力粉の銘柄があればそれでもかまいません。いつでも簡単に手に入ってすぐに作れることも、家庭のイギリス菓子作りでは大切です。必ず、万能こし器でふるってから使います。

ゴールデンシロップ
砂糖を精製する過程でできる副産物で黄金色の糖蜜。トリークルあるいはペイルトリークルともいいます。イギリスではお菓子や料理を作る際の必需品で、日本でも製菓材料専門店などで購入することができます。本書のレシピでは、より精製度が低く、黒い色をした「ブラックトリークル」も登場します。

代用アドバイス●日本ではブラックトリークルの入手がむずかしいため、黒蜜かモラセスで代用してください。

ミックススパイス

イギリスの料理やお菓子ではよく使われる、欧州菓子の趣をかもすスパイスです。イギリス製のミックススパイスは日本で市販されていないため、以下を参照して作りましょう。日本で手に入る「ミックススパイス」はカレー用などのものが多いので注意。

代用アドバイス●
以下の配合でスパイスを合わせて手作りしてください。

- コリアンダーパウダー　50%
- シナモンパウダー　30%
- ナツメグパウダー　10%
- ジンジャーパウダー　5%
- クローブパウダー　5%

その他のお約束

● **大さじ、小さじのこと**
大さじ1は15ml、小さじ1は5mlです。すりきりで計量します。

● **ベーキングパウダーはアルミニウムフリーを**
原材料にアルミニウムを使用していないものがおすすめです。イギリスのレシピはベーキングパウダーを多く使うので、アルミニウムが入ったベーキングパウダーで本書のお菓子を作ると、苦みを感じることがあります。ちなみにイギリスのベーキングパウダーはアルミニウムを含みません。

● **卵は冷蔵庫から出しておきましょう**
卵はあらかじめ室温に戻して使います。グラム表示のときは、全卵を溶いてから量ります。本書で使う全卵1個はMサイズ1個、約60g（卵黄20g、卵白30g、殻10g）です。バターに冷たいままの卵を加えるとバターの温度が下がり、分離しやすくなるので注意しましょう。

● **生クリームは純生クリームを**
生クリームは、指定の乳脂肪分の純生クリームを使います。植物性油脂で製造されたものは風味が異なるので用いません。

【道具】

デジタルスケール
正確な計量が、お菓子作り成功の第一歩。1g単位の表示で、最大1kgまで計量できるデジタルばかりがおすすめです。容器の重さを差し引いて、正味の計量ができる風袋機能のついたタイプが便利です。

万能こし器
万能こし器は、粉類をふるったり、液状のものをこしたりするときの必需品。専用の粉ふるいと比べ、手入れがらくで多目的に使えます。目が細かすぎると、アーモンドパウダーが通らないので注意。

木べら（上）
本書に出てくる木べらはイギリスのものを使用していますが、日本の木べらでかまいません。ただし、においが移らないよう、製菓専用として使用してください。

泡立器（下）
泡立器は、ワイヤーの数が多く根元がしっかりして弾力があるものを。ボウルのサイズに合ったものを使ってください。

ハンドミキサー
泡立てや混ぜ合わせをスピーディにしたいときに使っています。安価なもので十分ですが、速度調整が3段階以上あり、羽根のワイヤーに幅があり、大きめのものを選びましょう。

レシピにある「特に用意する道具に」について

上記の道具に加えて、それぞれのお菓子によって必要になる道具です。

カード
生地を混ぜる、切る、拭い取るなどに多用できる道具。本書では、サイコロ状に切ったバターを切り混ぜるときに使います。

温度計
本書ではチョコレート、水、牛乳の温度を測るため、100℃まで測れる温度計で十分です。調理用の温度計を使ってください。

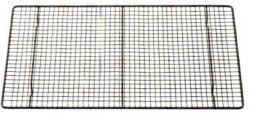

網（ケーキクーラー）
焼き上がったお菓子をのせて、蒸らさず、早く粗熱を取るために使います。網の目が細かいほうが小菓子をのせても安定します。オーブンに付属している焼き網や、バット用網、餅網など、脚つきの網でしたら代用できます。

茶こし
おもに仕上げのデコレーション用粉糖をふるときに使います。粉糖を入れてかまえたら、もう一方の手で縁を軽くトントンとたたくときれいにふれます。

絞り袋、口金
袋は大きめのサイズを選んでください。洗って繰り返し使えるタイプのほか、使い捨てタイプは衛生的なのでおすすめです。口金は形やサイズが豊富にありますが、本書では、口径12mmの丸口金と、ギザが6切れと8切れの星口金を使用。

麺棒
手になじみやすい木製のものでも、衛生的な樹脂製のものでもかまいません。使用後は、きれいに洗い、特に木製のものは完全に乾かしてからしまいます。

クッキングシート（シリコンパッド）、型用敷き紙
本書でクッキングシートとある場合は、スーパーなどで購入できるシリコン樹脂加工された紙のこと。油分を通さず水蒸気は通し、裏表両面使えます。本書では、おもに天板で生地を焼くときの敷き紙に使います。繰り返し使えるシリコンパッドでもOKです。パウンド型などの敷き紙には、わら半紙に近いさら紙を使用します。余分な油分を適度に吸い、水分を通すので生地が蒸れません。さら紙がなければ、ロール紙やクラシン紙、クッキングシートでもよいでしょう。

天板（上）、角型（右）
本書では、おもに28×18×2cmの天板を使用します。溝がなく、底が真っ平らなものが向いています。縁に高さがあると、湯せん時に湯がこぼれにくくて扱いやすいです。イギリスの焼きっぱなしのお菓子は天板で大きく焼くレシピが多いですが、本書では、食べきり用に15×15cmの角型を使用しているものもあります。

抜き型（丸形、菊形）
本書では、おもにスコーン、ビスケットなどの生地を抜くのに使用。つなぎ目がない立体成型のものが丈夫で衛生的。生地を型抜きする際には、そのつど、打ち粉（強力粉）をたっぷりまぶして使うときれいに型抜きができます。

パウンド型
パウンドケーキ用で、本書では、18×7×6cmのブリキ製のパウンド型を使います。生地を流し込む前に型用敷き紙を敷きます。同じ容量の型であれば、フッ素樹脂加工されたものでもシリコン製でもOK。

プディングボウル
プディングを作るための専用の陶器のボウル。これに生地を入れて蒸して使います。イギリスではプディングベイスンとも呼ばれ、一般的でサイズも大小さまざまあります。本書では、500mlのプディングボウルを使用。同容量のどんぶりで代用可能です。

オーブンについて

オーブンは、生地を焼く温度より10℃高い温度で予熱しておきます。生地を入れたら指定の焼成温度に下げてください。焼いている間はむやみに扉を開けないこと。焼きむらが出た場合は、生地の状態が安定して（焼き時間の半分を経過して）から天板の向きを変えます。焼き上がりの確認の際に、竹串に生地がついてきた場合は、様子を見ながら5分ずつ焼き時間をのばして焼き上げます。焼き色が濃くなりそうなら、アルミホイルでカバーします。焼成温度と時間は、ガスオーブンか電気オーブンか、また機種によって異なります。レシピに表示しているオーブンの温度と焼き時間は、あくまで目安です。オーブン内の様子をこまめにチェックしながら、温度、時間調節をし、何度も焼いて自分のオーブンの特徴を知ることが大切です。

memo
このほか生クリームの泡立て方など、基本のテクニックをp.124〜125でご紹介しています。

🇬🇧 イギリスだより

古い道具こそ現役で使いたい

イギリスのお菓子を作っていると、道具がほとんどむかしと変わっていないことに気がつきます。木製の菓子型やガラスのゼリーモールド、コイル状になった泡立器や、ずっしり重い銅製のはかりなど。そしてそれらはアンティークとしてではなく現役で働いているのです。

たとえば、陶器のミキシングボウル。イギリスの一般家庭には必ずある、どっしりした陶器のボウルです。これをイギリス人は大切に使っています。代々家庭で受け継ぐアンティークのミキシングボウルを使っている人もたくさんいますが、百貨店でも、古い色と形を生かした大小さまざまなサイズの新品を取りそろえています。それだけ需要があるのですね。

今もイギリスのキッチンには欠かせないものですが、いつも思うのは、ステンレスのボウルの方が軽くて洗いやすくて便利だということ。効率重視のホテルや菓子店の厨房では、さすがに陶器のボウルはあまり見かけませんが、家庭では古いものを大切にし、変化を好まない人も多いのです。機能性よりも、道具そのものの魅力や、むかしからのやり方に愛着をもつ姿は、とてもイギリスらしいところです。

本書では、ミキシングボウルや木べらなどの道具はもちろん、お菓子といっしょに登場する皿やカップ、クロスやレースもイギリスの古いものを使っています。イギリスの空気が少しでも伝われば幸いです。

イギリスのマーケットで購入した古いミキシングボウル。むかしながらのこの姿がキッチンにあるだけで、すっかり気分はイギリスです。

Part 1

ビスケットとスコーン

Home made Biscuits and Scones are the tastes inherited from our mothers' and grandmothers' tradition of our family.

イギリスではビスケットとスコーンは
母や祖母から受け継いだもの。わが家の伝統の味。

ビスケット
Biscuits

イギリス人の国民食、ビスケット。
学校で、職場で、一日に数回あるティータイムのおともとして
イギリス人の生活に密着し、おなかと心を満たしているのがビスケットです。
ビスケットの好みは、たいてい親から受け継がれていて、イギリス人はみな、
自分の家庭のビスケットの味をもっています。
イギリスのビスケットの歴史は古く、かつて食物が豊富ではなかった時代に、
保存食用に二度焼きした堅いパンが作られ、それが起源といわれています。
とくに北方の地スコットランドでは、寒冷地でも育つオーツ（燕麦）を使ったビスケットが多く、
古いレシピでは、貴重な乳製品は控えめに、粉類の分量が多いのが特徴でした。
ときを経て、高級品だったバターが一般にも広がると、
風味豊かなビスケットが生まれ、バリエーションが一気に広がります。
次第に、チョコレート、ジャムなどのアレンジも加わり、
現在のビスケットに近い姿になりました。
長い歴史のなかで、ときには形を変えながら愛され続けるビスケットは、
イギリスの食文化の歴史や、地方色を強く反映しています。
むかしながらのイギリスの牧歌的な風景に思いを馳せながら、
紅茶といっしょにいただくのはとても豊かなひとときです。

厳しい気候のスコットランドでは、古くから食用として料理やお菓子に使われたオーツですが、それより南に位置するイングランドでは、おもに馬の飼料用でした。日本ではオートミールとして売られていることが多く、粒の大きなものを選ぶと焼き上がりもオーツの食感がしっかり味わえます。近年、ヘルシー食材の代表格として、その素朴なおいしさが注目されています。

オートミールのビスケット
Oats Round Biscuits

古くからスコットランドでは、オーツをおいしく食べるために、さまざまな工夫を凝らした料理やお菓子が生まれてきました。今でもそれらは、家庭の味として多く残っています。ソフトな食感でオーツの歯ざわりがよい、このビスケットもそのひとつです。じっくりかみ締めて、素材の素朴なおいしさを味わいたいビスケットです。

オートミールのビスケット
Oats Round Biscuits

材料(直径6.5cm 約10枚分)
薄力粉……50g
オートミール……100g
バター(食塩不使用)……100g
グラニュー糖……25g
強力粉(打ち粉用)…適宜

特に用意する道具
抜き型(直径6cmの円形)、麺棒、クッキングシート

オーブン
予熱190℃、焼成180℃で10〜13分

準備
● バターは室温に置き、指で押して
  あとがつくくらいの堅さで作業を始める。

食べごろと保存
粗熱が取れたときがおいしい。
密閉容器に入れて常温で1週間保存可能。
夏季は3日以内で食べきる。

割るとほろほろさっくり。口に入れるとざくざくとしたオートミールの粒をダイレクトに感じるビスケットです。甘さひかえめで滋味な味わいがあとをひきます。

生地を作る

1 薄力粉をふるい、オートミールにまぶす。

2 ボウルにバターを入れ、泡立て器またはハンドミキサーで混ぜる。クリーム状になったらグラニュー糖を加え、さらにすり混ぜる。

3 1を2に加えて木べらで混ぜ、ひとまとめにする。

成形する

4 2枚のラップで生地をはさみ、麺棒で5mmの厚さにのばす。冷凍庫に15分入れて生地をしめる。

5 天板にクッキングシートを敷く。抜き型に打ち粉をつけて生地を抜き、天板に並べていく。生地を抜くときは、間をあけずに抜き、余り生地をなるべく少なくする。生地がやわらかくなって型抜きがしにくくなったら、再度冷凍庫へ入れて堅くしめてから型抜きを再開する。

焼く

6 型抜きしたら、すぐに予熱したオーブンに入れる。温度を180℃に下げて、10〜13分焼く。表面がほんのりきつね色になったら焼き上がり。天板のまま冷ます。

memo
エッジがシャープできれいな円形に焼くためには、生地がだれないうちに、素早く作業して、すぐに予熱したオーブンに入れることです。室温が高いとバターがやわらかくなり、生地がだれやすくなるので注意しましょう。

イギリスだより

古いほど愛されるビスケット缶

ビスケットを日に3回も4回も食べるイギリスでは、おいしくビスケットを保存するのは大切なこと。むかしは「ビスケットバレル」と呼ばれる、持ち手つきの入れものが使われていました。陶製や木製などがあり、内側は陶器やブリキでした。イギリスでは樹脂製の密閉容器は好まれません。職場でも学校でも、すっかりさびついたような味のある「ビスケット缶」が使われています。古いものほど大切にされ、愛されるのは、イギリスらしいところです。ビスケットメーカーが出すオリジナル缶や、王室行事のたびに発売される限定缶なども人気です。

木製のビスケットバレル。中は入れ子状になった陶器で、高さ17cmもある大きなつくり。

王室のジョージ王子誕生を祝って登場した記念のお菓子缶。

イースタービスケット
Easter Biscuits

イースターの時期に作られる、スパイスとカランツたっぷりのビスケット。むかしは贈答用のビスケットとされ、贈るときには、三位一体を表すために3枚のビスケットを黄色いリボンで結んでいたそう。黄色はイースターカラーです。復活の象徴である卵、そして、春に咲く美しい水仙の色なのです。

材料(直径6.5cm 約15枚分)
バター(食塩不使用)……100g
グラニュー糖……70g
卵黄……1個
A ┌ 薄力粉……200g
　└ ミックススパイス(p.7参照)……小さじ1
B ┌ カランツ(レーズンでもよい)……40g
　└ オレンジピール……30g
牛乳……50ml
卵白……1個分
グラニュー糖(仕上げ用)……適量
強力粉(打ち粉用)……適宜

特に用意する道具
抜き型(直径6cmの菊形)、麺棒
クッキングシート、刷毛

オーブン
予熱190℃、焼成180℃で10分

準備
● バターを室温でやわらかくする。
● Bを粗くみじん切りにする。
● Aを合わせてふるう。

食べごろと保存
粗熱が取れたときがおいしい。
密閉容器に入れて
常温で1週間保存可能。
夏季は3日以内で食べきる。

作り方
1. ボウルにバターを入れ、泡立て器ですり混ぜる。クリーム状になったらグラニュー糖を加え、さらにすり混ぜる。
2. 卵黄を加えてやさしくむらなく混ぜ合わせる。
3. Aの粉類とBのドライフルーツを順に加え、木べらでさっくり混ぜ合わせる。
4. 牛乳を加え、混ぜ合わせる。
5. 2枚のラップで生地をはさむ。麺棒で5mmの厚さにのばす。冷凍庫に15分入れて生地をしめる。
6. 天板にクッキングシートを敷く。抜き型に打ち粉をつけて、生地を抜き、天板に間をあけて並べる。
7. 卵白をほぐし、刷毛で表面にごく薄く塗り、グラニュー糖をふりかける。
8. 予熱したオーブンに入れ、温度を180℃に下げて10分焼く。ほんのりきつね色になったら焼き上がり。天板のまま冷ます。

memo
きれいな菊形に焼き上げるには、十分に予熱されたオーブンに入れること。温度が足りないと、生地が焼ける前にだれて広がり、縁の形が崩れます。予熱と焼成温度を守り、型抜きをしたら素早くオーブンに入れましょう。

全粒粉のビスケット
Wholemeal Drop Biscuits

オーガニック志向が広がるイギリスで、いま全粒粉のパンやビスケットが人気です。古くは、「グリドルストーン（p.68）」という鉄板に大きく広げて焼くレシピでした。甘みのとても少ない配合ですが、かむほどに味わいが出てくる全粒粉の素朴なおいしさが際立つビスケットです。

材料（直径17〜18cm 1枚分）
全粒粉……100g
ベーキングパウダー……小さじ1
グラニュー糖……大さじ1
バター（食塩不使用）……35g
卵（M玉）……1個
牛乳……20mℓ
くるみ……30g

特に用意する道具
カード、クッキングシート、網

オーブン
予熱200℃、
焼成190℃で15〜17分

準備
● バターをサイコロ状に切って冷蔵庫で冷やす。
● 天板にクッキングシートを敷く。

食べごろと保存
粗熱が取れたときがおいしい。
密閉容器に入れて
常温で3日間保存可能。

作り方
1. 全粒粉とベーキングパウダーを合わせてボウルにふるい入れ、グラニュー糖を加える。
2. バターを1に加え、カードでバターを切るように混ぜる。その後、指先を使って手の熱を加えないようにすり混ぜて、そぼろ状にする。
3. 卵と牛乳を合わせて溶き、2に加える。さらにくるみを加えて、木べらでさっくり混ぜ合わせる。粉気が消えればよく、混ぜすぎない。
4. ボウルの中で、生地を手でひとまとめにし、天板に落とし、15cm大の円に広げる。
5. オーブンに入れ、温度を190℃に下げ、15〜17分焼く。途中10分焼いたところで天板ごと取り出し、素早く表面に包丁で切り目を入れ、再びオーブンへ戻す。表面が乾燥して、きつね色になったら焼き上がり。
6. クッキングシートごと網にのせて冷まし、粗熱が取れてから、切り目にそって切り離す。

memo
成形する厚さによって、焼き上がりの食感に違いが出ます。
お好みの厚さを探してみてくださいね。

シナモンビスケット
Cinnamon Thin Biscuits

平べったくて大きなシナモン風味の薄焼きビスケット。
ほろっとした食感と上品な薄さが魅力です。

材料(直径7～8cm 6枚分)
バター(食塩不使用)……50g
純粉糖……50g
卵(M玉)……30g(溶いて計量)
A ┃ 薄力粉……60g
  ┃ 重そう……小さじ1/4
  ┃ シナモンパウダー……小さじ1
  ┃ 塩……ひとつまみ(指3本で)
強力粉(打ち粉用)……適宜

特に用意する道具
抜き型(直径6cmの円形)、
クッキングシート、麺棒

オーブン
予熱210℃、
焼成200℃で6～8分

準備
● バターを室温でやわらかくする。
● 天板にクッキングシートを敷く。
● Aを合わせてふるう。

食べごろと保存
粗熱が取れたときがおいしい。
密閉容器に入れて
常温で5日間保存可能。
夏季は3日以内で食べきる。

作り方
1. バターをボウルに入れ、泡立て器でクリーム状にする。純粉糖を3回に分けて加え、すり混ぜる。
2. 1に卵を加えてやさしく混ぜ合わせる。Aの粉類を加え、木べらで混ぜ、粉気がなくなったら手でひとまとめにする。
3. 2をラップではさみ、麺棒で5mmの厚さにのばし、冷凍庫に30分入れる。
4. 抜き型に打ち粉をつけて生地を丸く抜き、天板に間をあけて並べる。生地がゆるんできたら冷凍庫に入れて堅くしめ直して、型抜きを再開する。
5. 予熱したオーブンに入れ、温度を200℃に下げて6～8分焼く。表面が乾燥して、ほんのりきつね色になれば焼き上がり。天板のまま冷ます。

ココナッツマカロン
Coconut Macaroons

マカロンといえば、フランスのMacaronと書くマカロン・パリジャンが有名ですが、イギリスでは、Macaroonと書き、味も形もさまざま。これはアーモンドパウダーではなくココナッツを使用。外のサクサクとした食感を楽しむため、小さく焼くのが特徴です。

材料(直径3cm 20個分)
卵白……1個分
グラニュー糖……40g
ココナッツファイン……80g
レモンの皮のすりおろし
　(p.124参照)……小さじ1
レモン汁……小さじ1

特に用意する道具
おろし金、クッキングシート、網

オーブン
予熱190℃、
焼成180℃で8～12分

食べごろと保存
粗熱が取れたときがおいしい。
軽くラップをして
翌日じゅうに食べきる。

作り方
1. ボウルに卵白を入れてフォークでほぐし、グラニュー糖を加えてさらに混ぜる。
2. ココナッツファインとレモンの皮のすりおろしを1に加えて混ぜる。
3. レモン汁も加えて混ぜる。
4. 天板にクッキングシートを敷く。ココナッツをつぶさないように注意して、手で3を直径約3cmの山形にして、天板に並べる。
5. 予熱したオーブンに入れ、温度を180℃に下げて8～12分焼く。ココナッツが焦げやすいので、焼きおわりの時間が近づいたら、こまめにチェックする。縁がきつね色になったら焼き上がり。クッキングシートごと網にのせて冷ます。

チーズビスケット
Cheese Biscuits

チェダーチーズをすりおろして焼き込んだ香ばしいビスケットです。
むかし、家の窯に火を入れる日は、朝から一日かけて一週間分のパンを焼きました。
その残り火でビスケットを焼くことも主婦の大切な仕事のひとつだったのです。
いつものシンプルなビスケットに栄養価の高いチーズを加え、味の変化を楽しんだのでしょう。

材料（直径4cm 10〜15枚分）
薄力粉……70g
ベーキングパウダー……小さじ1/4
バター（食塩不使用）……30g
卵黄……1と1/2個（約30g）
チェダーチーズ
　（とろけるチーズでもよい）……20g
強力粉（打ち粉用）……適宜

特に用意する道具
抜き型（直径4cmの菊形）、麺棒、
網、クッキングシート

オーブン
予熱210℃、
焼成200℃で6〜8分

準備
● バターを室温でやわらかくする。
● チェダーチーズを細かくすりおろす。
● 天板にクッキングシートを敷く。

食べごろと保存
「シナモンビスケット」（左ページ）と同じ。

作り方
1. 薄力粉とベーキングパウダーを合わせてボウルにふるう。バターをちぎって加え、指先を使って手の熱を加えないようにすり混ぜて、そぼろ状にする。
2. 卵黄を溶き、**1**に3回に分けて加え混ぜる。チェダーチーズも加えて、手で混ぜてひとまとめにする。
3. ラップで包んで冷蔵庫で30分休ませる。
4. 台に打ち粉をして生地を置き、麺棒で5mmの厚さにのばす。抜き型に打ち粉をつけて生地を抜き、天板に間をあけて並べる。
5. 予熱したオーブンに入れ、温度を200℃に下げて6〜8分焼く。表面がきつね色になったら焼き上がり。クッキングシートごと網にのせて冷ます。

オートミールのクランベリービスケット
Oats Cranberries Biscuits

オーツとクランベリーの素朴な甘さが魅力のビスケットです。
具だくさんで、少し大きめのサイズだから、
軽い食事代わりにもなるボリューム感です。

材料（直径7cm 5〜6枚分）
バター（食塩不使用）……50g
グラニュー糖……10g
三温糖……20g
薄力粉……40g
ベーキングパウダー……小さじ1/2
オートミール……50g
ドライクランベリー……40g
レーズン……10g

特に用意する道具　クッキングシート

オーブン
予熱190℃、
焼成180℃で10〜15分

準備
● バターを室温でやわらかくする。
● クランベリーとレーズンを粗く刻む。
● 薄力粉とベーキングパウダーを
　合わせてふるう。

食べごろと保存
「シナモンビスケット」（左ページ）と同じ。

作り方
1. バターをボウルに入れ、泡立て器でクリーム状にすり混ぜる。
2. グラニュー糖を加え混ぜ、さらに三温糖も加えて、バターに空気を含ませるようにすり混ぜる。砂糖の粒が見えなくなって、なめらかになればよい。
3. ふるった粉類を**2**に加え、木べらでさっくり混ぜ合わせる。
4. **3**にオートミールを加え、木べらで混ぜ、ドライクランベリーとレーズンも加えてさらに混ぜる。生地がなめらかになればよい。
5. 天板にクッキングシートを敷き、生地をスプーンで落とす。手で軽く押さえて、直径5cm、厚さ1cmほどにまとめる。
6. 予熱したオーブンに入れ、温度を180℃に下げて10〜15分焼く。表面が淡く色づいたら焼き上がり。天板ごと冷ます。

ティーリーフビスケット
Tea Leaf Biscuits

現代のイギリス人が毎日飲むのはティーバッグの紅茶。
このビスケットもリーフティーを刻んで作るより
ティーバッグを開けて使う人のほうが多いかもしれません。
ほろほろソフトな食感に、紅茶の香り高い風味が効いた上品なビスケットです。

材料（直径5〜6cm 約15枚分）
- バター（食塩不使用）……80g
- 純粉糖……30g
- 卵黄……10g（約½個）
- 薄力粉……120g
- ベーキングパウダー……小さじ¼
- 紅茶の葉*……大さじ1と½
- グラニュー糖……50g

*紅茶の葉は、
ティーバッグの葉でもよい。
生地に焼き込んでも香りが残る
アールグレイなどがおすすめ。
ほのかな紅茶の風味がお好みなら、
紅茶の葉を大さじ1程度に
減らしてもOK。

特に用意する道具
クッキングシート、バット

オーブン
予熱190℃、
焼成180℃で8〜10分

準備
- バターを室温でやわらかくする。
- 紅茶の葉を包丁で細かく刻む（ティーバッグの葉の場合はそのままでよい）。
- 薄力粉とベーキングパウダーを合わせてふるう。

食べごろと保存
粗熱が取れたときがおいしい。
軽くラップをして
常温で1週間保存可能。
夏季は5日間で食べきる。

作り方
1. ボウルにバターを入れ、泡立て器でクリーム状にする。
2. 純粉糖をふるいながら加え、さらにすり混ぜる。
3. 卵黄を加えてやさしく混ぜる。
4. ふるった粉類と紅茶の葉を加え、木べらでさっくり混ぜ合わせる。粉気がなくなればよく、混ぜすぎない。
5. 生地を直径4〜5cmの円柱の棒にする。ラップで包んで冷凍庫で30分しめる。その間に、天板にクッキングシートを敷く。
6. バットにグラニュー糖を広げ、**5**の生地を転がして表面にまぶす。
7. 5mm幅にゆっくりスライスする。生地が堅すぎると切りおわりが崩れるので、その場合には、室温に置いて、少しやわらかくしてからスライスする。クッキングシートを敷いた天板に並べる。
8. 予熱したオーブンに入れ、温度を180℃に下げて8〜10分焼く。表面が乾燥し、縁がうっすらきつね色になったら焼き上がり。茶葉が見えるよう、焼き色が濃くならないように注意する。焼き上がったら天板ごと冷ます。

絞り出しバタービスケット
Piped Butter Biscuits

生地を天板に絞って焼く、ほろほろしつつもしっとり食感のビスケット。
ひとくちでポイッと食べられる小ささも、人気の理由のひとつです。
イギリスでは砂糖漬けのさくらんぼ（Glace Cherries）をのせるのがポピュラーですが、
今回はドライフルーツミックスで華やかに。ナッツをのせてもおいしいですよ。

材料（直径3.5cm 約15個分）
バター（食塩不使用）……50g
純粉糖……40g
薄力粉……110g
バニラオイル……4、5滴
生クリーム（乳脂肪分45%以上）……40〜50mℓ
ドライフルーツミックス（ナッツでもよい）……20g

特に用意する道具
絞り袋、星口金、クッキングシート

オーブン
予熱200℃、焼成190℃で7〜10分

準備
● バターを室温でやわらかくする。
● ドライフルーツミックスを粗く刻む。
● 天板にクッキングシートを敷く。
● 薄力粉をふるう。

食べごろと保存
「ティーリーフビスケット」（左ページ）と同じ。

作り方

1 バターをボウルに入れ、泡立て器で混ぜてクリーム状にする。
2 純粉糖を3回に分けて加え、そのつどすり混ぜる。
3 薄力粉を一度に加え、木べらで底から返してはボウルに押しつけるようにして混ぜる。
4 バニラオイルと生クリーム40mℓを加え、混ぜる。絞り出しやすい堅さになるまで、残り10mℓの生クリームを調節しながら加えて混ぜる。
5 絞り袋に星口金をつけ、生地を入れ、クッキングシートを敷いた天板に、直径2.5cmの山形に絞り出す。ドライフルーツミックスを飾る。
6 予熱したオーブンに入れ、温度を190℃に下げて7〜10分焼く。縁がきつね色になったら焼き上がり。

オートミールのチョコレートビスケット
Oats Chocolate Biscuits

イギリスでは午前11時と午後4時のお茶の時間にビスケットが添えられますが、
おばあちゃんが選ぶのはショートブレッド、最近の子どもや若い人が選ぶのは
チョコレートビスケットだそうです。ここではオートミールを加え、
ココアとチョコチップを使うダブルチョコ。ごつごつしたボリュームのある形は、
イギリスの街角でよく見かけるビスケットの姿です。

材料（直径9cm 5枚分 or 直径5cm 10枚分）
バター（食塩不使用）……45g
純粉糖……35g
卵（M玉）……30g（溶いて計量）
A ┌ 薄力粉……40g
　├ ベーキングパウダー……小さじ1/2
　└ ココアパウダー（無糖）……5g
オートミール（粒が大きいもの）……45g
チョコチップ……50g
くるみ（新鮮なもの）……50g

特に用意する道具　クッキングシート

オーブン
予熱190℃、焼成180℃で13〜15分
（5cm大に作るときは13分）

準備
● バターを室温でやわらかくする。
● 卵を室温に戻し、溶きほぐす。
● くるみが大きい場合は粗く刻む。
　ごつごつ感が出るように細かく刻みすぎない。
● Aの粉類を合わせてふるう。

食べごろと保存
「ティーリーフビスケット」（左ページ）と同じ。

作り方

1 バターをボウルに入れ、泡立て器で混ぜてクリーム状にする。
2 純粉糖を3回に分けて加え混ぜ、次に卵を3回に分けて加え混ぜる。
3 2にAの粉類とオートミールを加え、木べらでさっくり混ぜ、チョコチップとくるみも加えて混ぜる。粉気がなくなればよく、混ぜすぎない。
4 天板にクッキングシートを敷き、3の生地を60gずつ量って、手で軽くまとめて天板に落とし、上から少し押さえて7cm大にする。
5 予熱したオーブンに入れ、温度を180℃に下げて13〜15分焼く。5cm大に小さく焼き上げるときは、30gずつ量って同様に13分焼く。表面が乾燥したら焼き上がり。

メルティングモメント
Melting Moments

その名も"とろける瞬間"。なんともロマンティックな名前のビスケットです。由来は、「口に入れた瞬間にほろっととろけるから」とも、「口に入れたら幸せでとろけるような気持ちになるから」ともいわれています。赤いチェリーが目印なのは古いスタイルのメルティングモメントです。

材料（直径3cm 15〜20個分）
- バター（食塩不使用）……100g
- グラニュー糖……85g
- 卵黄……1個
- バニラオイル……2、3滴
- 薄力粉……150g
- ベーキングパウダー……小さじ1/2
- オートミール……40g
- ドレンチェリー……6〜10粒

特に用意する道具
クッキングシート、網

オーブン
予熱190℃、
焼成180℃で9〜13分

準備
- バターを室温でやわらかくする。
- ドレンチェリーを小さくカットする。
- 薄力粉とベーキングパウダーを合わせてふるう。

食べごろと保存
「シナモンビスケット」（p.16）と同じ。

作り方
1. ボウルにバターを入れ、泡立て器でクリーム状になるまで混ぜる。
2. グラニュー糖を3回に分けて加え、さらに空気を含ませて混ぜる。
3. 別のボウルに卵黄を溶き、バニラオイルを加え、2に2回に分けて加え、泡立て器で混ぜる。
4. 粉類を3に加え、木べらで混ぜ、全体に混ざったら、手で生地をボウルに押しつけるようにしてひとまとめにする。
5. オートミールを皿に広げる。そこに生地を8gずつに丸め2.5cm大につぶしてオートミールをまぶす。
6. ドレンチェリーをのせ、取れないように少し押しつける。天板にクッキングシートを敷いて、間をあけて並べる。
7. 予熱したオーブンに入れ、温度を180℃に下げて9〜13分焼く。表面が乾燥したら焼き上がり。クッキングシートごと網にのせて冷ます。

イギリスだより

裁判で勝ったビスケット

イギリスの国民食であるビスケット。その種類によって税金がかかったりかからなかったりするのは興味深いことです。イギリスは、付加価値税（VAT= Value Added Tax）が20％の税率でかかります。しかしすべてのものにかかるのではなく、食品の一部（基本食料）や子ども服などは無税です。そうしたなかでビスケットは「菓子類」か「パン類」の2種類に分けられ、課税対象となるかならないかが変わってくるのです。

食品における基本的な考え方は、チョコレートは「菓子類」に分類され20％の課税。ビスケットとケーキは菓子類ではなく、「パン類」に分類されていて無税です。そのためチョコレートコーティングしたケーキでも、ケーキである限り無税となります。しかし、チョコレートコーティングしてあるビスケットは税率20％が適用されます。ケーキの場合と異なり、チョコレートにビスケットがついているとみなされ、チョコレート菓子と分類されるからです。

このビスケットの税金について有名な裁判があります。その主人公は、「ジャファケーキ」（商品名）。ビスケットにジャムをのせて、チョココーティングしたものです（下写真参照）。これには税金がかかっていましたが、製造元のマクビティー社が、これは無税のケーキであって、ビスケットをチョココーティングした「菓子類」（課税）ではないと訴えをおこしたのです。結果は勝訴。なぜならビスケットは古くなるとやわらかくなり、ケーキは古くなると堅くなる。これに沿って、大きなジャファケーキを作り、様子を観察したところ、堅くなったのでした。そのため法廷でケーキと認められ、見事無税を勝ち取った、というわけです。

ほどよい甘みと酸味の絶妙なハーモニーには熱狂的なファンがいるほどの国民的ビスケット、「ジャファケーキ」。中央にはオレンジジャムが入っていて、片面をチョコレートでコーティング。青とオレンジ色のパッケージが目印。

イギリスだより

イギリスのスーパーで人気のビスケット図鑑

イギリスでは、家庭でもビスケットを焼きますが、スーパーで買える市販のビスケットも人気です。スーパーのビスケット売り場の広さは、イギリス人にとっていかにビスケットが重要かを物語っているようです。イギリス人にとってはおなじみの人気のビスケットをセレクトしてご紹介しましょう。

A アイリッシュオーツケーキ
Irish Oatcakes

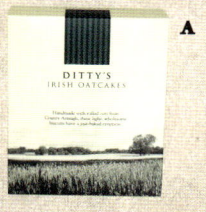

アイルランドで生まれた、厚さ4～6mmほどの、甘みが少ない素朴なビスケット。ざらざらとした表面にはオーツの粒が見え、食感はざくざく。繊維質な食感。ヘルシー志向が広がるイギリスで、オーツは注目食材。チーズやチャトニーをのせることも。

B ステムジンジャー オーツビスケット
Stem Ginger Oat Biscuits

北イングランド地方が発祥の厚さ3mmほどの薄いビスケット。オーツの粒が感じられ、ジンジャーの香りが口いっぱいに広がる。古くは薬として重宝されたジンジャー。イギリス人は子どものころから強いジンジャー風味に慣れ親しんでいる。

C スコティッシュビスケット
Scottish Biscuits

スコットランドで生まれ、今ではイギリス全土で愛されている、バターと粉の風味豊かなプレーンビスケット。ショートブレッドに近い味わい。厚さは3～5mmの丸型で、空気穴が開いている。食感はさくさくほっこり。

D ホールウィート ダイジェスティブ
Wholewheat Digestives

スコットランドとイングランド北部で生まれた全粒粉のビスケット。ビタミン、鉄分、食物繊維たっぷり。麦の胚芽や表皮が入っていて、ごつごつとした表面が特徴。食感もざくざくごりごり。甘みが少ない素朴な味なので、カナッペの土台としても使用。

E ダイジェスティブ チョコレート
Digestive Chocolate

日本でもおなじみ。片面がチョコレートでコーティングされたバターたっぷりの定番の味。1枚で満足できるイギリスの定番の味。厚さ3～5mmほど。チョコがとろけるさっくりとした食感。チョコがはがれないよう工夫された横向きの箱入りが多い。

F バタービスケット
Butter Biscuits

厚さ5～7mmほどのふっくらした形。バターの風味が広がるリッチな定番ビスケットで老若男女問わず人気。バターの質でビスケットの味が左右される。さくっと軽くもろいので、パッケージはトレイつきの横型箱入りが多い。写真のように個包装も。

G リッチティー
Rich Tea

厚さ3～4mmのあっさりしたバター風味のシンプルビスケット。大判でさっくりした食感。ほのかな甘みがおいしく何枚でも食べられる。ぎっしり隙間なく詰められたパッケージが特徴。学校のブレイクタイムで出されるビスケットの定番。安価で買える。

H ショートケーキビスケット
Shortcake Biscuits

厚さ5mmほどのバターたっぷりの定番ビスケット。「ショート」はさくさくした、という意味で、さくさくほろほろした食感はショートブレッドに近い。長方形で絞り模様が特徴の安価でポピュラーなビスケット。

I バーボンクリーム
Bourbon Creams

厚さ10mmほど。ほんのり甘いチョコレートビスケットに、さっぱりした甘さのチョコレートクリームがサンドされている。学校や職場のティーサービス等でサンドされることが多く、バリュータイプの大袋もある。学校のブレイクタイムではいちばん人気。

J ナイスビスケット
Nice Biscuits

外周のフリルがかわいい厚さ3mmほどのビスケット。ほどよいココナッツ風味で、表面にはグラニュー糖をかけて焼いてある。食感はざくざくしゃりしゃり。変化がほしいときについ買ってしまう定番のビスケット。紅茶のほか、コーヒーにも合う。

K マーマイトビスケット
Marmite Biscuits

厚さ2～3mmほどで、マーマイトのびんの形をした、ほんのり塩味のビスケット。マーマイトとは、イースト菌を主原料とした黒いペースト。くせのあるマーマイトを使ったこのビスケットはイギリスでも好みが分かれるところ。しかし根強い人気を誇る。

L ジャムクリーム
Jam'n Cream

厚さ10mmほどのちょっとリッチなビスケット。プレーンビスケットの間にバニラクリームがサンドされ、その中央にラズベリージャムがのっている。メーカーによりジャムやクリームの風味や量が違うので、イギリス人は自分のお気に入りをもっている。

M ジンジャービスケット
Ginger Biscuits

厚さ10mmほどの、ジンジャーの味がしっかり効いたビスケット。大判の丸形で、ごつごつとした表面のものが多い。食感はごりごり、ざっくり。ジンジャー風味が強くくせがあるが、イギリス人が大好きなビスケットのひとつ。

ショートブレッド
Shortbread

イギリス人のティータイムにはおなじみのショートブレッド。
スコットランド発祥の名菓で、焼きたてはふっくらほろほろ、冷めるとさっくり、
バターをたっぷり使ったリッチな味わいです。
古くは中世の時代から、贅沢な食べものとしてお祝いごとに焼かれていました。
結婚式では、花嫁が新居に入るときに、キャラウェイシードを
焼き込んだショートブレッドを頭上で砕くのが習わしでした。
こうすることで、幸運を呼び込み、種が多いキャラウェイシードのように
子宝に恵まれるとされていたのです。
現在では、食べやすさが人気の長方形のフィンガータイプのほか、
チョコレートをトッピングしたものなど、
アレンジを加えたショートブレッドも定番となって多くのイギリス人に愛されています。

手軽に買えて食べやすい、人気のフィンガータイプ。
職場や学校のティータイムには、
紅茶をなみなみとついだマグカップの縁にショートブレッドをのせて、
湯気で温まったところを食べることもあります。

ペティコートテイル ショートブレッド
Shortbread Petticoat Tails

フリルのような伝統的な形は、16世紀以前の宮廷内に住む女性たちが着ていたペティコートの裾模様に似ていたため、そう呼ばれるようになりました。材料がシンプルなので、上質のバターを使って作りたいお菓子です。

ペティコートテイルショートブレッド
Shortbread Petticoat Tails

材料（直径15cm 1台と、余り生地でミニサイズ数個）
バター（食塩不使用）……100g
純粉糖……50g
A ｛ 薄力粉……150g
　　コーンスターチ……30g
牛乳……小さじ1
グラニュー糖（仕上げ用）……適量
強力粉（打ち粉用）……適宜

特に用意する道具
直径15cmのセルクル、麺棒、クッキングシート、定規、竹串、網

オーブン　予熱160℃、焼成150℃で30分

準備
● バターを室温でやわらかくする。
● Aの粉類を合わせてふるう。

食べごろと保存
粗熱が取れたときがおいしい。
密閉容器に入れて、
常温で1週間保存可能。

イギリスだより

機能美を備えたイギリスのシュガースプーン

イギリスの伝統的カトラリーのひとつ、シュガースプーン。グラニュー糖などをふりかけるための古い道具で、今でも大切に使われています。穴の形や装飾がそれぞれ異なり、繊細な模様が施されているものもあります。アンティーク店では大人気で、コレクターも多く、私自身もイギリス滞在中に7本のシュガースプーンに出会うことができました。古きよき時代のイギリスの姿を今に伝える、用の美を備えた道具です。

穴の形は、星やペイズリー形など種類豊富。
右端は持ち手が蝶貝のもの。

生地を作る

1
室温に戻したバターをボウルに入れ、ハンドミキサーですり混ぜ、クリーム状にする。

2
純粉糖を2、3回に分けてふるい入れ、さらにすり混ぜる。

3
ふるったAの粉類を2に加え、木べらでさっくり混ぜ合わせる。写真のような状態にする。

4
牛乳を加え、木べらで押しつけるようにまとめる。最後は手の熱を加えるようにひとまとめにする。

休ませる

5
4の生地を手で丸く整えてラップではさみ、ラップの上から麺棒で厚さ約2cmの円形にする。冷蔵庫で1時間休ませる。

成形する

6
5をラップの上から麺棒で1cmの厚さにのばす。ラップをはずし、打ち粉をつけたセルクルで抜く。余った生地はひとまとめにしておく(memo参照)。

7
セルクルで抜いた6の生地をクッキングシートの上に置き、定規をあてて円の中心を決め、竹串で印をつける。

8
包丁の背で、中央の印を中心に3本軽く切り目を入れる。手を切らないように注意。

9
強力粉をつけた指で縁をつまんで模様をつける。フォークの背で模様をつけてもよい。

10
竹串の背に打ち粉をつけて、軽く穴を開ける。

11
グラニュー糖をシュガースプーンか指で、少し高い位置から加減しながらむらなくふる。

焼く

12
クッキングシートのまま天板にのせ、予熱したオーブンに入れ、温度を150℃に下げて30分焼く。表面が乾燥して、縁がほんのりきつね色になったら焼き上がり。崩れやすいので、天板のまま粗熱を取る。粗熱が取れたら、クッキングシートごとまな板の上に移し、切り目に沿って包丁を入れカットする。その後はクッキングシートのまま網に移し、さらに冷ます。

仕上げる

13
冷めたら、お好みで、さらにグラニュー糖をふりかける。

memo
余った生地も使いきりましょう。残り生地をひとまとめにしてのばし、5×2cmの長方形にカットして、上と同じ要領で穴を開けます。予熱と焼成温度は同様で、焼き時間を20分に。クッキー型で好きな形に抜いて焼いてもOKです。

チョコチップショートブレッド
Chocolate Chip Shortbread

スコットランド生まれの古いお菓子のショートブレッドに、チョコチップを入れたら、さらにおいしく今風なお菓子になりました。砂糖：バター：粉＝1：2：3の黄金比率を守ればアレンジも自由自在です。

材料（天板1枚分）
バター（食塩不使用）……200g
純粉糖……100g
薄力粉……300g
チョコチップ……120g

特に用意する道具
28×18×2cmの天板、クッキングシート、網

オーブン
予熱180℃、焼成170℃で18分

準備
- バターを室温でやわらかくする。
- チョコチップの粒が大きい場合は5mm角に刻む。
- 天板にクッキングシートを敷いておく。

食べごろと保存
粗熱が取れたときがおいしい。密閉容器に入れて、常温で1週間保存可能。

作り方

1. バターをボウルに入れ、泡立器でクリーム状になるまですり混ぜる。
2. 純粉糖を2、3回に分けて加え、さらにすり混ぜる。
3. 薄力粉をふるって加え、チョコチップも加えて、木べらで底から返しては押さえるように混ぜ、最後は手でひとまとめにする。
4. 生地を天板に取り出し、手で平らに敷き詰める。
5. 予熱したオーブンに入れ、温度を170℃に下げて18分焼く。表面が乾燥して、縁が薄くきつね色になったら焼き上がり。クッキングシートごと天板からはずして、網にのせて冷ます。約15分後、生地が落ち着いて切りやすくなったところで適宜カットする。やわらかくて切りにくいときには、さらに少し冷ましてから切るとよい。

ミリオネアショートブレッド
Millionaires Shortbread

「億万長者のショートブレッド」という、なんともゴージャスな名前の人気のお菓子。ショートブレッドにキャラメルトフィー（練乳に熱を加えたもの）をのばし、さらにチョコレートで表面をコーティングした、文字通りリッチな味わいです。この3層構造、甘いもの好きでも目が覚める甘さです。

材料（15×15cmの角型 1台分）

ショートブレッド
- 薄力粉……150g
- 純粉糖……50g
- バター❶（食塩不使用）……100g

キャラメルトフィー
- 練乳……250g
- バター❷（食塩不使用）……30g
- グラニュー糖……15g
- ゴールデンシロップ……大さじ1

コーティング用スイートチョコレート（テンパリング不要のチョコ）……130g

特に用意する道具

15cm×15cmの角型、カード、クッキングシート、網

オーブン

予熱180℃、焼成170℃で15分

準備
- バター❶、バター❷を室温でやわらかくする。
- 角型にクッキングシートを敷く。

食べごろと保存

チョコレートが固まってすぐがおいしい。密閉容器に入れて、冷蔵庫で1週間保存可能。食べるときは常温に戻す。

作り方

1. ボウルに、薄力粉、純粉糖を合わせてふるい入れ、バター❶を加えて、カードで切るように混ぜる。その後、指先を使って手の熱を加えないようにすり混ぜて、そぼろ状にする。
2. 1をひとまとめにし、型に入れ、上から軽く押さえる。
3. 予熱したオーブンに入れ、温度を170℃に下げて15分焼く。表面がほんのりきつね色になれば焼き上がり。天板のまま網にのせて冷ます。
4. 鍋にキャラメルトフィーの材料をすべて入れ、中火にかけて溶かす。少し粘り気が出るまで、つねに木べらで混ぜながら15分ほど火にかける。
5. 4を3に流し入れて冷ます。キャラメルトフィーの量はお好みで調整してよい。
6. チョコレートを粗く刻み、湯せんにかけて溶かし、5に流し入れ、全体をカバーする。型ごと網にのせて冷ます。
7. 表面が固まったらクッキングシートごと型からはずし、チョコレートが固まっていることを確認する。包丁を温めて、ゆっくりカットする。

フラップジャック
Flapjacks

フラップとは、「ひっくり返す」という意味。
オーツとゴールデンシロップを天板に焼いて、ひっくり返して出すことから
この名前がついたという説もあります。学校の調理実習でも初めのころに習う、いちばん簡単なお菓子。
イギリス人のなかでも、歯にくっつくほどのチューイーなタイプと、ざくざくほろほろのタイプと、好みが分かれます。
ドライフルーツなど、お好みのものを加えてバリエーションも自由自在です。

フラップジャック
Flapjacks

材料(15×15cmの角型 1台分)
ゴールデンシロップ(p.6参照)
　……大さじ1
三温糖……50g
バター(食塩不使用)……80g
オートミール……160g

特に用意する道具
15×15cmの角型、クッキングシート、網

オーブン
予熱200℃、焼成190℃で10〜15分

準備
● バターを室温でやわらかくする。

食べごろと保存
粗熱が取れたときがおいしい。
密閉容器に入れて、
常温で1週間保存可能。

型の準備をする

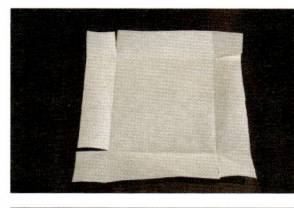

1 クッキングシートを写真のようにカットして型に敷く。
底がない角型を使う場合は、写真のように底面をアルミホイルで覆って使う。

生地を作る

2 小鍋に、ゴールデンシロップと三温糖、バターを入れ、沸騰しないように3〜5分弱火にかける。三温糖が溶ければよい。

3 ボウルに移して、オートミールを一度に加え、木べらで混ぜる。

4 生地を**1**の型に流し入れ、スプーンで軽く平らにならす。スプーンで押さえすぎると、バターと生地が分離するので注意する。

焼く

5 予熱したオーブンに入れ、温度を190℃に下げて10〜15分焼く。きつね色になったら焼き上がり。焦げやすいので注意。

切る

6 型ごと網にのせて冷ます。10分ほどしたらクッキングシートごと型からはずし、側面のシートをはがし、やわらかめに固まった状態で包丁でカットする。10分以上冷ますと、固まって切れなくなるので早めにカットする。

memo
粒の大きなオートミールを選ぶと団子状にならずにおいしいフラップジャックができます。

ドライフルーツのフラップジャック
Dry Fruits Flapjacks

上記のフラップジャックにドライフルーツを加えるだけの簡単アレンジです。作り方**3**で、レーズン20g、カランツ10g、粗く刻んだアプリコット10gを加えるだけ。

スコーン Scones

イギリスのアフタヌーンティーに欠かせない代表的な食べものといえば、スコーン。
現在、イギリスのスコーンは大きく三つの種類に分けられると私は考えています。
田舎風のさっくりスコーン、ロンドン風のふっくらスコーン、そして、塩味の効いたセイボリースコーンです。
　伝統的な田舎風スコーンの特徴は、スコーンの腹に「狼の口」といわれる、大きな「腹割れ」があること。
一見、不格好のようにも見えますが、これがおいしいスコーンの目印とされます。
表面はやや堅く、中はほろほろとした食感。粉の素朴な味を楽しみたいスコーンです。
　一方、ロンドンを中心に流行なのが、見た目も上品なふっくらスコーン。
ほかにくらべて小ぶりで、食感はパンのようにしっとり軽く、つるりとしたなめらかな肌で腹割れはありません。
ホテルのアフタヌーンティーで出されるスコーンの多くは、このタイプです。
　また、軽い食事代わりにもなる、セイボリースコーンも人気です。
セイボリーとは「塩味の効いた」という意味で、
こうした食事系のスコーンを総称して、セイボリースコーンと呼びます。
古くからイギリス人のティータイムを支えたスコーンも、
人々の嗜好に合わせて味や形を変え進化し続けています。

イギリスでは、「セルフレイジングフラワー」という、小麦粉にベーキングパウダーが添加された粉が使われています。**a**/ コッツウォルズ地方の田舎スコーン。大きくてざっくりほろほろした食感。**b**/ 自宅で作るスコーン。切り口がするどいと、焼いたときの立ち上がりも美しくなります。**c**/ 老舗百貨店フォートナム・アンド・メイソンの1階で売られているスコーン。小ぶりでつやつや。**d**/ 大きなドライフルーツのスコーン。ひとつでおなかいっぱい。**e**/ 田舎スコーン。外はほろほろ、中はしっとり。この食感の違いが出せるのは大きくしっかり焼くから。

田舎スコーン
Traditional Scones

イギリスでむかしから食べられているのが、素朴な粉の味を楽しむこのスコーン。ヨーグルトや牛乳を加えて風味豊かにしていて、大きくてほろっとした食感です。スコーンそのものに甘みは少ないですが、添えられるクロテッドクリームやジャムが、スコーンのおいしさを引き立てます。焼きたてがいちばんおいしいスコーンです。

これが狼の口!
通称「狼の口」と言われる腹割れができれば成功の証。オーブンの温度を守り、焼きはじめにしっかり生地が立ち上がるように焼くのがポイント。

田舎スコーン
Traditional Scones

材料（直径6cm 約6個分）
卵(M玉)……1個
無糖ヨーグルト……50g
薄力粉……250g
ベーキングパウダー……大さじ1
グラニュー糖……20g
バター(食塩不使用)……50g
牛乳……大さじ2〜3
強力粉(打ち粉用)……適宜

特に用意する道具
抜き型(直径6cmの円形)、カード、
麺棒、クッキングシート、網

オーブン　予熱210℃、焼成200℃で10〜15分

準備
● バターをサイコロ状に切り、冷蔵庫で冷やしておく。
● 天板にクッキングシートを敷く。

食べごろと保存
焼きたてがおいしい。
密閉容器に入れて常温で3日間保存可能。
焼き上がって冷ましたらすぐに、ひとつずつラップで包み、
ファスナーつきの保存袋に入れて冷凍すれば
2週間保存可能。
食べるときは室温で解凍し、
オーブントースターで温め、表面をカリッとさせる。

抜き型に打ち粉をまぶすときは、たっぷりの粉の中に型をうずめて行うと効率的です。写真の抜き型は、両端がそれぞれ丸形と菊形になっているイギリス製。お好みで菊形で抜いてもかまいません。

生地を作る

1 卵を溶いてヨーグルトと混ぜ合わせる。

2 薄力粉とベーキングパウダーを合わせてボウルにふるい入れ、グラニュー糖を加える。バターをボウルに加え、カードで細かく刻んで粉全体に散らす。

3 指先を使って手の熱を加えないように粉とバターをすり混ぜて、そぼろ状にする。

4 1の卵液を加え、カードで底から生地を返しながらやさしく混ぜる。様子を見ながら牛乳を少しずつ加え、最後は手でふんわりひとまとめにする。粉っぽさを残した状態でよい。

5 軽く2、3回折りたたむ。生地が堅くなるのでこねすぎない。

成形する

6 台に打ち粉をし、生地を置き、3、4回折りたたむ。

7 生地に打ち粉をしながら、麺棒で生地を2.5〜3cmの厚さにのばす。抜き型にも打ち粉をまぶして生地を抜き、天板に並べる。型抜きした断面を触ると膨らみがわるくなるので触らない。余った生地は、手で軽く形を整えて、いっしょに天板に並べる。

焼く

8 予熱したオーブンに入れ、温度を200℃に下げて10〜15分焼く。表面がきつね色になり、割れ目の中が乾燥したら焼き上がり。網にのせて粗熱を取る。

🇬🇧 イギリスだより

チャールズ皇太子ブランドの有機小麦粉

チャールズ皇太子が1990年自ら設立した自然食品ブランド「ダッチーオリジナル」。オーガニックにこだわった高品質の紅茶、ビスケット、肉類など幅広い品揃えが人気です。下の写真は、このブランドの小麦粉。厳選された小麦を使い、一般的な小麦粉よりも製粉をていねいに行い、粉が細かいのが特徴です。これでスポンジケーキを焼くとふんわりやさしい食感に仕上がります。以前は限られた場所のみで販売されていましたが、近年ウェイトローズという高級スーパーで販売されるようになり、一般家庭の主婦たちにも使われるようになりました。

ロンドンのスコーン
Afternoon Tea Scones

現在、ロンドンのホテルやティールームのアフタヌーンティーで出てくるスコーンといえばこのタイプ。
小ぶりで丸みがあり、腹割れはありません。
上面はつややかに光り、口当たりはパンに近く、ふんわりしています。
見た目も味も上品な、小さな貴婦人のようなスコーンです。

材料(直径5cm 8〜10個分)
強力粉❶……275g
ベーキングパウダー……22g
グラニュー糖……50g
バター(食塩不使用)……50g
生クリーム(乳脂肪分45％以上)
　……93㎖
牛乳……93㎖
レーズン(ラム酒漬けでもよい)
　……25g
ラム酒……大さじ1
強力粉❷(打ち粉用)……適宜
卵(M玉。つや出し用)……1個

特に用意する道具
抜き型(直径5cmの円形)、カード、
麺棒、刷毛、クッキングシート、網

オーブン
予熱210℃、焼成200℃で15〜20分

準備
●レーズンにラム酒をふりかけ、
　ひと晩なじませる。
●バターを室温でやわらかくする。
●卵を室温に戻す。
●天板にクッキングシートを敷く。

食べごろと保存
焼きたてがおいしい。
密閉容器に入れて常温で翌日まで
保存可能。
粗熱が取れたらすぐに、
ひとつずつラップで包んで袋に入れ、
冷凍庫で2週間保存可能。
食べるときは室温で解凍し、
オーブントースターで温め、
表面がカリッとしたらOK。

生地を作る

1
強力粉❶とベーキングパウダーを合わせてボウルにふるい入れ、グラニュー糖を加える。

2
室温に戻したバターをボウルに加え、カードで細かく刻む。バターが全体に散ったら、手の熱を加えないように指先ですり混ぜて、そぼろ状にする。

3
別のボウルに生クリームと牛乳を混ぜ合わせ、2のボウルに加え、軽く混ぜる。

4
レーズンを加え、軽く混ぜ合わせる。

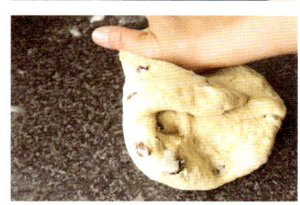

5
最後は手で生地をひとまとめにし、打ち粉をふりながら、パンを作るときのように台の上で5分ほど手でしっかりこねる。次第に生地がなめらかになる。

6
麺棒に打ち粉をつけて、生地を2.5cmの厚さにのばす。ラップで包み、冷蔵庫で1時間休ませる。しっかり冷やすと、型抜きで断面をするどく切ることができ、焼き上がりがきれいになる。

成形する

7
冷蔵庫から出したら、打ち粉をまぶした抜き型で抜く。生地の天地をひっくり返して天板に並べる。こうすると、台に接していた生地の底面が顔となり、なめらかに美しく仕上がる。

8
卵を溶きほぐし、刷毛で表面に塗り、天板ごとふんわりラップをして30分冷蔵庫で休ませる。

9
冷蔵庫から出し、再度溶き卵を塗る(2回目)。

焼く

10
予熱したオーブンに入れ、温度を200℃に下げて15〜20分焼く。表面がきつね色になったら焼き上がり。網にのせて粗熱を取る。

memo
型抜きをして余った生地も同様に焼きます。ひとつにまとめて再度練り上げ、6からは同じ手順で進めます。

生地を作る

1

薄力粉とベーキングパウダーを合わせてボウルにふるい入れる。

2

バターを**1**に加え、カードで細かく刻む。およそバターが全体に散ったら、指先を使って手の熱を加えないようにすり混ぜて、そぼろ状にする。

混ぜおわりの状態

3

牛乳を一度に加え、練らないようにしてさっくり合わせる。最後は手でひとまとめにする。

セイボリースコーン
Savory Scones

トマトとハーブを焼き込み、チーズがとろける香ばしいスコーン。最近よく見かけるようになったセイボリースコーンは、軽い食事にもぴったり。ブレックファストにするなら、生ハムを添えてミルクといっしょに。ディナーのパン代わりにも。チーズが香り立つ、焼きたてがおすすめです。

材料（直径5cm 8～12個分）
薄力粉……250g
ベーキングパウダー……小さじ1
バター（食塩不使用）……50g
牛乳……140mℓ
チェダーチーズ*……60g
トマト……60g
オリーブオイル……小さじ1
ハーブ（ミント、バジルなど）……10g
強力粉（打ち粉用）……適宜

*チーズは、チェダー以外に、加熱したときに溶けやすいゴーダ、エメンタールなどもおすすめ。

特に用意する道具
抜き型（直径5cmの円形か菊形）、
カード、麺棒、クッキングシート、網

オーブン
予熱210℃、焼成200℃で10～15分

準備
● バターをサイコロ状に切って冷蔵庫で冷やす。
● チェダーチーズを1cm角に切る。
● トマトは種を除いて1cm角に切り、オリーブオイルであえる。
● ハーブをみじん切りにする。
● 天板にクッキングシートを敷く。

食べごろと保存
焼きたてがおいしい。
密閉容器に入れて常温で翌日まで保存可能。
粗熱が取れたらすぐに、ひとつずつラップで包んでファスナーつきの保存袋に入れ、冷凍庫で2週間保存可能。食べるときは室温で解凍し、オーブントースターで温め、表面がカリッとしたらOK。

成形する

4 台に打ち粉をし、生地を置いて広げ、トマト、チェダーチーズ、ハーブを中央にのせる。具を包み込むように生地を折りたたみながら混ぜ込む。練らないように気をつけて、打ち粉をしながら2、3回折りたたむ。

5 麺棒に打ち粉をつけ、生地を2.5cmの厚さにのばす。抜き型にも打ち粉をまぶして生地を抜き、天板に並べていく。余り生地は手で軽く整えて、いっしょに天板に並べる。

焼く

6 予熱したオーブンに入れ、温度を200℃に下げて10～15分焼く。表面がきつね色になったら焼き上がり。網にのせて粗熱を取る。

ヨーク地方のチーズスコーン
Yorkshire Rarebit Scones

良質な牧草地が広がり、高品質の乳製品が豊富にとれたイングランド中部の北寄りの地域では、古くからチーズの生産が盛んでした。そのためヨーク地方で作られる料理やお菓子には、チーズを使ったものが多くあります。スコーンも、やはりチーズ入りが定番です。

材料（直径6cm 6～8個分）
- A
  - 薄力粉……200g
  - ベーキングパウダー……小さじ2
  - 粉からし……小さじ1/4
- バター（食塩不使用）……50g
- 卵❶（M玉）……1個
- 牛乳……70ml
- チェダーチーズ❶……60g
- 強力粉（打ち粉用）……適宜
- 卵❷（卵白のみ使う。仕上げ用）……1個
- チェダーチーズ❷（仕上げ用）……30g

特に用意する道具
抜き型（直径6cmの菊形）、カード、麺棒、クッキングシート、刷毛、網

オーブン
予熱210℃、焼成200℃で15分

準備
- バターはサイコロ状に切って冷蔵庫で冷やしておく。
- チェダーチーズ❶❷を粗く刻む。
- 卵❶❷は、ともに室温に戻しておく。
- 天板にクッキングシートを敷く。

食べごろと保存
「セイボリースコーン」（左ページ）と同じ。

作り方
1. Aの粉類を合わせてボウルにふるい入れる。
2. バターを1に加え、カードで細かく刻み、全体に散ったら、指先ですり混ぜて、そぼろ状にする。
3. 卵❶と牛乳を合わせて軽く溶き、チェダーチーズ❶とともに2に加えてさっくり合わせる。最後は手でひとまとめにする。
4. 3を台の上に移し、打ち粉をしながら、練らないように気をつけて4、5回折りたたむ。
5. 麺棒で2.5cmの厚さにのばす。抜き型に打ち粉をまぶし、生地を抜き、余り生地は手で軽く形を整え、天板に並べる。
6. 卵❷の卵白を取り分けてほぐし、刷毛で表面に薄く塗る。上にチェダーチーズ❷をのせる。
7. 予熱したオーブンに入れ、温度を200℃に下げて15分焼く。表面がほんのり色づき、チーズが溶けたら焼き上がり。網にのせて粗熱を取る。

コーニッシュロックケーキ
Cornish Rock Cakes

イングランド南西部コーンウォール地方の生まれ。ドライフルーツがアクセントの、スコーンの仲間です。スプーンで生地をドロップし、ごつごつした岩のようなラフな形が魅力の簡単スコーン。焼くときには、生地を薄く広げず、少し山盛りにします。

材料（直径約6cm 8〜10個分）

A
- 薄力粉……220g
- ベーキングパウダー……小さじ1
- グラニュー糖……90g

バター（食塩不使用）……90g
レーズン（ラム酒漬けでもよい）……60g
オレンジピール……30g
卵（M玉）……1個

特に用意する道具
カード、クッキングシート、網

オーブン
予熱210℃、
焼成200℃で10〜15分

準備
- バターをサイコロ状に切って冷蔵庫で冷やしておく。
- 卵を室温に戻し、溶きほぐす。
- 天板にクッキングシートを敷く。

食べごろと保存
焼きたてがおいしい。
密閉容器に入れて、
常温で3日間保存可能。

作り方
1. Aを合わせてボウルにふるい入れる。
2. バターを**1**のボウルに加え、カードでバターを細かく刻む。バターが全体に散ったら、指先を使って手の熱を加えないようにすり混ぜ、そぼろ状にする。
3. レーズンとオレンジピールを加え、カードで混ぜ合わせる。
4. 溶いた卵を一度に加え、練らないようにカードで混ぜてひとまとめにする。
5. スプーンで生地を天板に落とし、軽く指で押さえて直径約5cm大にする。
6. 予熱したオーブンに入れ、温度を200℃に下げて10〜15分焼く。庫内の温度が低いと生地が焼ける前にだれて広がってしまうので、しっかり予熱し、素早くオーブンに入れて焼く。表面がきつね色になったら焼き上がり。網にのせて冷ます。

トリークルスコーン
Treacle Scones

オーブンで焼いているときから甘い魅惑の香りが漂う幸せなスコーン。
ゴールデンシロップが入るだけで、もうすっかりイギリスの味です。
ジャムやクロテッドクリームがなくてもおいしい、シロップの豊かな風味が引き立つスコーンです。

材料（直径6cm 6〜8個分）

A ┌ 薄力粉……220g
　├ ベーキングパウダー……小さじ2
　├ ミックススパイス（p.7参照）……小さじ1/2
　├ 塩……ひとつまみ（指3本で）
　└ グラニュー糖……30g
バター（食塩不使用）……30g
B ┌ ゴールデンシロップ（p.6参照）……大さじ1
　└ 牛乳……100ml
強力粉（打ち粉用）……適宜

特に用意する道具
抜き型（直径6cmの菊形）、カード、麺棒、クッキングシート、網

オーブン
予熱220℃、焼成210℃で10〜15分

準備
● バターをサイコロ状に切って冷蔵庫で冷やす。
● 天板にクッキングシートを敷く。

食べごろと保存
「田舎スコーン」（p.32）と同じ。

作り方

1 Aを合わせてボウルにふるい入れる。
2 バターを1に加え、カードで細かく刻む。バターが全体に散ったら、指先を使って手の熱を加えないようにすり混ぜて、そぼろ状にする。
3 小鍋にBを入れて中火にかけ、溶けてなじんだら火から下ろす。
4 3の粗熱が取れたら2に加えてカードで混ぜ、ひとまとめにする。
5 台に打ち粉をして生地を置き、練らないように3、4回折りたたむ。
6 生地に打ち粉をして麺棒で2.5cmの厚さにのばす。抜き型に打ち粉をまぶして生地を抜き、余り生地は手で軽く形を整え、すべて天板に並べる。
7 予熱したオーブンに入れ、温度を210℃に下げて10〜15分焼く。上面がきつね色になったら焼き上がり。網にのせて冷ます。お好みでゴールデンシロップをかけて食べてもよい。

全粒粉のレーズンスコーン
Wholemeal Raisins Scones

「イギリスアフタヌーンティーの伝統の象徴」と古書に登場するスコーン。
庶民にもティータイムが広まったころ、まだ真っ白な小麦粉が貴重だったため、全粒粉のスコーンもアフタヌーンティーで楽しまれました。

材料（直径6cm 6〜8個分）

A ┌ 薄力粉……140g
　├ 全粒粉……80g
　├ ベーキングパウダー……大さじ1
　└ グラニュー糖……20g
バター（食塩不使用）……20g
レーズン（ラム酒漬けでもよい）……60g
卵（M玉）……1個
牛乳……60ml
強力粉（打ち粉用）……適宜

特に用意する道具
「トリークルスコーン」（上記）と同じ。

オーブン
予熱220℃、焼成210℃で8〜12分

準備
● バターをサイコロ状に切って冷蔵庫で冷やす。
● 卵を常温に戻してほぐし、牛乳と合わせておく。
● 天板にクッキングシートを敷く。

食べごろと保存
「田舎スコーン」（p.32）と同じ。

作り方

1 Aを合わせてボウルにふるい入れる。
2 バターを1に加え、カードで細かく刻む。バターが全体に散ったら、指先を使って手の熱を加えないようにすり混ぜて、そぼろ状にする。
3 レーズンを加え、カードでさっくり混ぜる。
4 卵と牛乳を3に加え、カードで混ぜる。最後は手でひとまとめにする。
5 台に打ち粉を打って生地を置き、練らないようにして3、4回折りたたむ。
6 生地に打ち粉をしながら麺棒で2.5cmの厚さにのばす。抜き型に打ち粉をまぶして生地を抜き、天板に並べる。余り生地は手で軽く形を整えて、いっしょに天板に並べる。
7 予熱したオーブンに入れ、温度を210℃に下げて8〜12分焼く。表面がきつね色になったら焼き上がり。網にのせて冷ます。

イギリスだより

おいしい**クロテッドクリーム**を求めて

イギリスのティータイムに欠かせないクロテッドクリーム。イギリス全土で入手できますが、
なかでもイングランド南西部のふたつの地域のものはその品質の高さと味わいの深さから、一級品といわれています。
ここでは、そのひとつ、デヴォン地方にある牧場を訪ねて、おいしいクロテッドクリームの秘密を探りました。
自宅でじっくり作るクロテッドクリームのレシピもご紹介します。

スコーンに添えられる山盛りのクロテッドクリーム。表面には、しっかりとクラストが見えます。

この牧場のクロテッドクリーム。分厚いクラストがある極上品。

右／私が訪れたのはデヴォン地方にあるウェストン牧場。広大な土地に放し飼いにされた約350頭の牛。

下／乳牛のジャージー牛。この牛の生乳からおいしいクロテッドクリームが生まれます。

イギリスでいちばん有名なクロテッドクリーム

「イギリスで何が食べたい?」と聞かれたら、迷わずクロテッドクリーム! と答えたくなるほど特別な存在。焼きたてのスコーンに、こっくりと濃厚なクロテッドクリームは欠かせません。

　まだ冷蔵庫がなかった時代に、搾った生乳を加熱し、発酵とは別の方法で、少しでも違う味わいを求めて作られたのがクロテッドクリームの始まりです。産地はイギリス南西部のデヴォンとコーンウォールというふたつの地域が有名で、それぞれ「デヴォンシャークリーム」、「コーニッシュクリーム」と呼ばれています。この地域は、国内でも比較的温暖な気候で、良質な牧草がよく育ち、高品質の乳製品が生産されています。

　私が見学に訪れたのはデヴォンにある「ウェストン牧場」です。オーナーは容器の中を見て、「クラストが美しくできているでしょう。これをみ

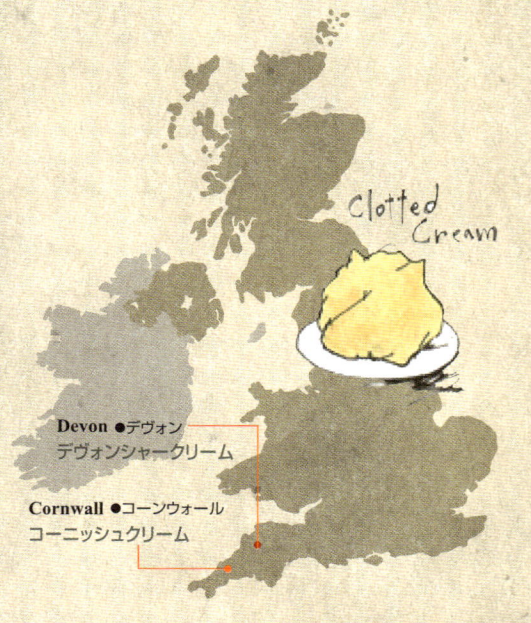

Clotted Cream

Devon ●デヴォン
デヴォンシャークリーム

Cornwall ●コーンウォール
コーニッシュクリーム

なに平等に分けないとね！」と言って、わが子のようにクロテッドクリームの状態をチェックしていました。クリームは、黄みの色が強いしっかりとした分厚いクラストで覆われ、その下は、ねっとり堅めのクリーム状になっています。クラストというのは、表面にできる堅い高脂肪の層のことです。クロテッドは「凝固した」という意味ですが、これはクラストの部分を指して、クロテッドクリームの語源となったものです。クラストはクロテッドクリームの命なのです。そしてクロテッドクリームとして採れるのは、薄い表層のクラストと、その下のわずかな濃度のついたクリーム層まで。生クリームの半分以上は製品にならずに残ってしまいます。このごく一部の贅沢な部分だけが容器詰めされ製品になって各家庭のテーブルに並びます。

　スーパーなどで売られている一般的な均質なクロテッドクリームと、デヴォン地域で作られる伝統的な製品を比較して大きく違うのは、その味の濃さとクラストの厚さです。残念ながら、新鮮なデヴォンシャークリームはデヴォン地域以外ではあまり見かけませんが、わが家で手間ひまかけて作る自家製クロテッドクリームの味も格別でおすすめです。右にレシピをご紹介しますので、ティータイムの贅沢なおもてなしとして、ぜひお試しください。

memo
- 表面にクラストができてクロテッドクリームが採れるので、ボウルは深いものより口が広く大きいほうがおすすめです。
- 5 ですくったクリームがゆるい場合には、冷蔵庫で3～7時間冷やすと固くなります。
- クラストをすくいとった後に残る脂肪分の減ったクリームは、グラタンやクリームシチューなどに使えます。

● 自宅で手作りするなら

クロテッドクリーム　Clotted Cream

おもてなしのときに、焼きたてのスコーンに自家製のクロテッドクリームを添えれば、喜んでもらえること間違いありません。クロテッドクリームは、乳脂肪分が55～60％前後あり、バター（約80％）と生クリーム（約30～47％）の中間にあたります。たっぷりの時間と生クリームを使って作る、とても贅沢な味わいです。

材料（仕上がり量 150～200g）
生クリーム（乳脂肪分47％以上）……1ℓ

特に用意する道具
口の広いボウル、布巾、温度計、穴開きレードル（玉杓子）

準備
● 生クリームを口の広いボウルに入れ、ひと晩（8時間）冷蔵庫に入れておく。

食べごろと保存
できたてがおいしい。冷蔵庫で2日間、冷凍するなら、すぐにラップをし密閉容器で約2週間保存可能。食べるときは冷蔵庫で解凍。

作り方
1. 湯せんに使う鍋に湯を沸かし、鍋底に布巾を沈める（湯せんするボウルに火の熱が直接当たらないようにする）。
2. 生クリームを冷蔵庫から静かに出して1の鍋で湯せんにかける。高乳脂肪分の生クリームは、この段階でかすかに脂肪分が分かれているので、揺らして混ぜないように注意する。
3. 温度計をさして、クリームの温度を80℃に保ち、表面に固まりが十分に出てくるまで90～120分湯せんする（写真a）。
4. ボウルを湯からそっと出して粗熱を取り、冷蔵庫（5℃）でひと晩（12時間以上）休ませる。
5. 表面にできたクラストとそのすぐ下の濃度のついたクリームの部分を、穴開きレードルですくい取る（写真b）。

ティータイム入門

アフタヌーンティーはかつて貴族階級の社交の場として浸透しました。
そのためお茶を楽しむための最低限の作法はありますが、もっとも大切なのは、
お茶やお菓子をいただきながら、会話を楽しみ、ゆったりと時間を過ごすことにあります。
現代のイギリスでは、3段スタンドでお菓子やスコーンが運ばれてくるような
伝統のアフタヌーンティーは、おもにホテルやティールームで楽しみます。
そして、イギリス人が日常的に楽しんでいるのは、気軽な「クリームティー」のスタイルだったり、
自宅で家族や友人と過ごす、ラフなスタイルの何気ないティータイムだったり。
ひと言でティータイムといっても、紅茶の国イギリスでは、いろいろな形があるのです。
ここでは、シンプルなクリームティーから、伝統のアフタヌーンティーまで、
自宅でも気軽に実践できるイギリス流のティータイムをご紹介します。

飾らないおいしさ「クリームティー」スタイル

イギリスの郊外の町や村を歩いていると、「クリームティー（Cream Tea）」と書かれた看板をよく見かけます。最近、むかしながらのティールームが注目を集めていて、ロンドンなど大都市でもクリームティーを目にするようになりました。

クリームティーとは、紅茶とスコーン、クロテッドクリームといちごジャムをセットにした、ティータイムのひとつのスタイル。アフタヌーンティーのように3段のケーキスタンドでは出てきません。お皿の上にスコーン2個、そしてクロテッドクリームといちごジャムがそれぞれ山盛りでやってきます。もちろん、たっぷりの紅茶と冷たいミルクもいっしょに。

クリームティーは、アフタヌーンティーからサンドイッチと菓子類を除いたものなので、イギリス人たちはランチのあとに気軽に楽しんだり、ちょっと休みたいときにティールームに入って、クリームティーを注文してゆっくり過ごしたりします。ティールームではもちろん、料理を出すパブでも、おいしいクリームティーを用意しているところが増えてきました。田舎のティールームでは、スコーンがごつごつしていてボリュームがあるので、このクリームティーだけでもおなかいっぱいになってしまうかもしれません。

上流階級の人々の間で流行したアフタヌーンティーが、やがて中流階級に広がり、その後、紅茶の価格が下がったころに労働者にも親しまれるようになりました。現在のスタイルのクリームティーの始まりは、そのころといわれています。

クリームティーに欠かせないのは、スコーンとクロテッドクリームといちごジャムの組み合わせ。地方によって食べ方に違いがあります。クロテッドクリームの産地として知られるデヴォン地域では、ふたつに割ったスコーンにまずクリームを塗ってからジャムをのせます。一方、もうひとつの産地コーンウォール地域では、ジャムが最初でクリームはその後です。クリームが溶け出さないようにジャムの上がいいとか、クリームをたっぷりのせたいから下にするべきとか、理由もそれぞれ。みな自分流のこだわりをもって、スコーンとクロテッドクリームを楽しんでいます。ちなみに私は、クロテッドクリームが大好きで、たっぷりのせたいので、「クリームが下」派です。その上に、ちょこんと少なめのいちごジャムをのせるのが私のルール。こうすると見た目も美しく、食べやすいのです。

左／ラフなスタイルのティータイムには、ゲストに好きなカップを選んでもらうと盛り上がって楽しいものです。型にはまらず、自分流の楽しみ方をします。下／イギリスのクロテッドクリームは、たっぷり山盛りが基本です。

左／スコーンを焼いたら、自宅でゆっくりティータイムを。キッチンにある材料で思い立ったらすぐに作れるスコーン。焼き上がるときには香ばしい香りが部屋に広がります。

ティータイム入門

アフタヌーンティーの基本のルール

ティールームやご自宅にお呼ばれするアフタヌーンティーでは、
「どうぞ自由に召しあがってくださいね」と言われることも多いのですが、
ホテルなどのフォーマルな場所では、決まりごとがいくつかあります。
それはかつて、イギリスの上流階級の人々のなかで生まれた
お茶をおいしくいただくためのルールで、
社交の場としての空間、時間を保つための作法であり、
茶会を催す側の教養やセンスを示すものでもあります。
ゲストとしてのマナーと、ホストとしてのルールについて、
それぞれ基本のポイントをおさえましょう。

ゲストとしてお呼ばれしたら

少しフォーマルなアフタヌーンティーや、ホテルでのアフタヌーンティーを失礼なく楽しむために、
知っておきたい基本の5つのポイントをご紹介します。

●下の段からいただきます

3段のケーキスタンドでサーブされた場合、下の段からいただきましょう。スタンドがテーブルにやってきたら、すべての皿にたくさんのフードがのっているので、どれから食べたらよいか迷いますが、いちばん下の皿にあるサンドイッチから食べます。そして次にスコーン、最後に上段のお菓子へと進みます。

●クリームとジャムは取り分けておきましょう

スコーンにのせるクロテッドクリームといちごジャムは、食べる分だけ自分の皿に取り分けます。ゲストのみなで取り分けるクロテッドクリームとジャムのポットを汚さないよう気をつけます。皿に取り分けた後にスコーンにのせていただきます。

●スコーンは横割りにしてクリームを

焼きたてのスコーンは、温かい状態でサーブされます。手で皿に取り、スコーンの側面にナイフを入れて横割りにし、クロテッドクリームやジャムをたっぷりつけていただきます。クロテッドクリームとジャムを塗る順番はお好みでかまいません。

●最後にお菓子を召しあがれ

最上段の皿には、小菓子が数種類のっています。焼き菓子は手で皿に取って、そのままいただきます。最近増えてきたエクレアなどのシュー菓子やムース類は、手で自分の皿に取ってから、デザートフォークやスプーンでひとくち大にしていただきます。

●紅茶のおかわりはいつでも

たっぷりの紅茶なくしてアフタヌーンティーはありません。いつでもおいしいお茶をおかわりして楽しむことができます。濃くなった紅茶を薄めるためのボイルドウォータージャグがある場合は、自分で注し湯をして好みの濃さにします。お湯をポットに足すか、直接カップに足すかはイギリス人でも好みが分かれるところ。ホテルなどではボイルドウォータージャグがなく、紅茶が冷める前に、新しい紅茶のポットを持ってきて交換してくれる場合もあります。

memo

正式なマナーを知ることは大切ですが、「温かいうちにスコーンを召しあがれ」と言われたり、「自由にどうぞ！」とすすめられたりしたら、順番に関係なく、おいしく自由にいただいてもよいと私は思っています。楽しむことがいちばんです。

素朴でおいしいお菓子作りが得意なリズおばあちゃん。いっしょに作ったお菓子を囲んで、よくティータイムを楽しんだ大切なイギリスの友人です。気のおけない友人と過ごすラフなスタイルの気軽なティーパーティーも人気です。

ホストとしてアフタヌーンティーを開くなら

近年、ロンドンのホテルやティールームでも、伝統にとらわれず、新しい挑戦を試みるところが増えてきました。
イギリス菓子の代わりにフランス菓子がのっていたり、いちごジャムの代わりにマーマレードが登場したり。
また、3段スタンドにのせる皿の順番が違うことも多いようです。
多様な楽しみ方が認められてきているアフタヌーンティーですが、
ここでは基本的なルールにのっとって、自宅にゲストを招いてアフタヌーンティーを開くときに、
最低限守りたい、ホストとしてのティーフードのおもてなしのマナーをご紹介します。

中段● スコーン

スコーンは、なんといっても焼きたてを！その日に焼いたものをゲストの到着に合わせて温めます。サーブするときは、冷めないようにスコーンをナプキンにはさんでおくと、温かいスコーンとわかって、ゲストはうれしくなるものです。おかわりのスコーンは、ナプキンにはさんで保温性の高い別の深めの銀器などにすっぽり入れて、3段スタンドのそばに置いておくのもよい方法。スコーンは、小ぶりなものほどフォーマル感が出ます。

　そして、スコーンとともにたっぷりのクロテッドクリームといちごジャムを忘れずに添えます。伝統のアフタヌーンティーでは、ジャムは必ずいちごジャムを使います。クロテッドクリームは残り少なくなったら追加します。

memo

正式なアフタヌーンティーは、かつては給仕が一皿ずつ運んでくるスタイルでした。それが時代とともに簡略化されて、卓上でスペースをとらない3段スタンドになったのです。3段スタンドがない場合には、通常の皿盛りでかまいません。

　大切なのは、形式よりも、おもてなしの心です。たっぷりの紅茶とおいしいお菓子を用意したら、あとは気楽に、ゆったりとした豊かな時間を過ごしましょう。

上段● お菓子

お菓子はすべてひとくち大に仕上げるか、もしくはフォークで切り分けやすいものを3、4種類のせます。食べきれないほどのお菓子を用意することがおもてなしには重要とされており、おかわりをすすめることも大切です。

　本書で紹介するレシピでは、小ぶりなバノフィーパイ、メイズオブオナーなどが見栄えがよいでしょう。大きなブラウニーや、ベイクウェルスライスなども、食べやすいように小さくカットすればOKです。また、3段スタンドにのりきらないお菓子や大きなケーキなどは、別の皿に盛って取り分けるとテーブルが華やかになっておすすめです。ホテルでは、ワゴンにのせられて別皿のお菓子がやってきます。

下段● サンドイッチ

サンドイッチは、2、3種類が普通ですが、そのうち1種は必ずきゅうりのサンドイッチが出されます。夏の貴重な収穫物で高価だったきゅうりをアフタヌーンティーに出すことは、最高のおもてなしとされていました。その名残で、イギリスのアフタヌーンティーでは、きゅうりのサンドイッチが欠かせません。

　きゅうりの皮は、アメリカでは剥きますが、イギリスでは緑の皮の線が美しいとされるため残します。薄くスライスしてクリームチーズなどといっしょにサンドします。アフタヌーンティーのサンドイッチは、4cm四方くらいの小さなサイズがフォーマルとされていますが、最近では、食パンの1辺の長さくらいある、大きめの長方形のサンドイッチも増えてきました。サンドイッチを盛る皿には、大抵ミントやクレソンなどの葉で彩りを添えます。

ティータイム入門

サンドイッチも用意して

紅茶とお菓子を準備して、スコーンを焼いたら、ぜひサンドイッチも作りたてを。ティータイムのサンドイッチは、バターときゅうりのシンプルな味が基本ですが、ここでは、さらにチーズやマヨネーズなどを加えて、手軽においしく作れるジューシーなレシピもご紹介します。

● 伝統スタイルのアフタヌーンティーサンドイッチ

サンドイッチが生まれたのは18世紀半ば、ジョン・モンタギュー・サンドイッチ伯爵がカードゲームをしながら片手で食べられるものを、と考案されました。このサンドイッチは、後にアフタヌーンティーでも添えられるようになり、次第に欠かせないものとなりました。現在ロンドンでは、むかしながらのバターときゅうりだけのシンプルなスタイルのほか、クリームチーズをいっしょにサンドしたものが人気です。薄くスライスしたきゅうりの緑が美しいサンドイッチです。

きゅうりのサンドイッチ　Cucumber Sandwich

材料
（約8.5×5cm長方形4切れ分）
サンドイッチ用食パン……4枚
きゅうり……1/2～1本
クリームチーズ……70g
ミントの葉……3枚
塩……ひとつまみ（指3本で）
こしょう……少量
バター（食塩不使用）……10～20g
彩りのハーブやクレソン……適宜

特に用意する道具
ピーラー、クッキングペーパー

準備
● バターとクリームチーズを室温でやわらかくする。

食べごろと保存
できたてがおいしい。
ラップをして冷蔵庫で保存し、作ったその日じゅうに食べきる。

作り方
1 きゅうりを半分の長さに切り、ピーラーで縦に薄くスライスし、クッキングペーパーの上に並べて水気を取る。
2 クリームチーズをボウルに入れ、木べらでクリーム状にする。
3 ミントの葉をみじん切りにして2に加え、塩、こしょうをして混ぜる。
4 2枚のパンにバターを塗り、上に1のきゅうりを少しずつ重ねて並べる。
5 残り2枚のパンに3のミントクリームチーズを塗り、4のパンにかぶせてサンドする。
6 上から手のひらを軽く添え、よく切れる包丁で半分に切る。彩りのハーブやクレソンを添える。

●人気のサンドイッチ3種

きゅうりのサンドイッチに加えて、イギリスでよく食べられている3種類です。まず、スモークサーモンと、低脂肪チーズを加えたマヨネーズで作る「サーモンのサンドイッチ」。上質のスモークサーモンが通年安価で入手できるイギリスのもうひとつの定番サンドイッチです。そして、アフタヌーンティーでよく登場する、黒こしょうとホースラディッシュ（西洋わさび）がアクセントの「ローストビーフのサンドイッチ」。最後に、イギリスの子どものお弁当のいちばん人気、「ハムのサンドイッチ」。基本はハムとバターのシンプルなサンドですが、アフタヌーンティーでは、ぴりっとマスタードを効かせたバターとマヨネーズでハムをサンドします。

《3種共通》

準備
- バターは室温でやわらかくする。
- レタスを食べやすい大きさにちぎって、キッチンペーパーで水気を拭く。

食べごろと保存
できたてがおいしい。
ラップをして冷蔵庫で保存し、作ったその日じゅうに食べきる。

サーモンのサンドイッチ
Salmon Sandwich

材料（約8.5×5cm長方形4切れ分）
- サンドイッチ用食パン……4枚
- バター（食塩不使用）……20g
- 粒マスタード……小さじ2
- スモークサーモン（スライス）……6枚（50g）
- レタス……4枚
- A
  - マヨネーズ……大さじ1と$\frac{2}{3}$
  - カッテージチーズ……大さじ2
  - レモン汁……小さじ$\frac{1}{2}$

作り方
1. Aを混ぜ合わせて、チーズマヨネーズを作る。
2. 4枚のパンにバターを塗る。
3. 2枚のパンに粒マスタードを塗り、スモークサーモンを1枚ずつずらしてのせる。
4. レタスをのせて、**1**のマヨネーズをかける。
5. 2枚のパンをかぶせてサンドし、軽く押さえ、半分に切る。

ローストビーフのサンドイッチ
Roast Beef Sandwich

材料（約8.5×5cm長方形4切れ分）
- サンドイッチ用食パン……4枚
- バター（食塩不使用）……20g
- オリーブの実（塩水漬け）……2個
- ローストビーフ（スライス）……6枚（50g）
- 黒こしょう……適量
- レタス……4枚
- A
  - マヨネーズ……大さじ1と$\frac{2}{3}$
  - ホースラディッシュ（西洋わさび）のすりおろし（市販）……小さじ$\frac{1}{2}$弱

作り方
1. Aを混ぜ合わせて、わさびマヨネーズを作る。
2. 4枚のパンにバターを塗る。オリーブの実をスライスし、2枚のパンに並べる。
3. ローストビーフも1枚ずつずらしてのせ、黒こしょうをふる。
4. **1**のマヨネーズをかけ、レタスをのせる。
5. 2枚のパンをかぶせてサンドし、軽く押さえ、半分に切る。

ハムのサンドイッチ
Ham Sandwich

材料（約8.5×5cm長方形4切れ分）
- サンドイッチ用食パン……4枚
- バター（食塩不使用）❶……10g
- レタス……4枚
- マヨネーズ……大さじ1と$\frac{2}{3}$
- ハム……4枚
- A
  - バター（食塩不使用）❷……10g
  - マスタード……小さじ1弱

作り方
1. Aを混ぜ合わせて、からしバターを作る。
2. 2枚のパンにバター❶を塗り、もう2枚には**1**のからしバターを塗る。
3. **2**のからしバターを塗ったほうのパンに、レタスをのせて、マヨネーズをかけ、ハムをのせる。
4. バターを塗った2枚のパンをかぶせてサンドし、軽く押さえ、半分に切る。

ティータイム入門

イギリスのお茶の時間割

イギリス人は一日じゅう紅茶を飲んでいる

イギリス人の多くは一日に5、6杯は当たり前というほど紅茶好きですが、それは大人に限りません。ティーンエイジャーも学校で毎朝11時にミルクたっぷりの紅茶を飲みます。

私の娘が通っていた学校にも「イレブンジス」がありました。ブレイクタイムと呼ばれ、生徒も先生もいっしょに、食堂でティーバッグの紅茶とビスケットを食べます。ランチもあるのに、20分もティータイムがあるのは驚きです。これがないとイギリス人は集中力を失ってしまうのだとか。夕方のティータイムは学校終了時刻の4時スタート。放課後残って活動する生徒のみ紅茶とスコーンをいただきます。カロリー控えめの生クリームホイップを添えて。

お茶を飲むスタイルはラフでシンプルになりましたが、朝食、職場、学校、ティールームで、紅茶なしにはイギリスの一日は始まらないのです。下に、一日の流れでご紹介しましょう。たっぷりの時間が必要なものは、おもに週末休日に楽しまれます。

ベッドティー
Bed tea

起き上がってそのままベッドの上で紅茶をいただく贅沢なティータイム。現在では、結婚記念日に夫から妻へ、母の日や誕生日には子どもからお母さんに、日ごろの感謝の気持ちを込めて紅茶を運びます。

朝起きてすぐ

アーリーモーニングティー
Early Morning tea

ベッドサイドの小さなテーブルで起き抜けに紅茶を味わうティータイム。執事が、寝ている主人のもとに目覚ましの紅茶を運んで起こしたことの名残です。現在は新聞を読んだりしながら紅茶をゆっくり楽しみます。

＊ベッドティーとアーリーモーニングティーは、ストレートでコクのあるアイリッシュティーがおすすめ。ミルクなしで濃く出した紅茶で目覚めます。

朝起きてすぐ

ブレックファストティー
Breakfast tea

ブレックファストは、ファスト（夜間の断食）をブレイクする（破る）という意味からきたとされている言葉です。ボリュームのあるフルブレックファスト（ベーコン、ソーセージ、卵、ベイクドビーンズ、ベイクドトマトとマッシュルーム）の味に負けないように、ミルクをたっぷり入れた濃い紅茶を合わせてバランスをとります。一日のスタートに、朝食とともにおいしい紅茶で心と体に元気を注ぎます。

朝食とともに

午前11時

イレブンジス
Elevenses

労働の合間の休憩のためのティータイム。15分ほどのラフなスタイル。産業革命のころ誕生したそうですが、今でも職場や自宅でこの習慣が根強く残っています。ティーバッグにマグカップ、お気に入りのビスケットが定番。平日にも楽しまれるポピュラーなティータイム。

午後4時

アフタヌーンティー
Afternoon tea

社交場としてのティータイム。正式には4時スタートですが、現在のロンドンのホテルの多くは、ランチとディナーの間、3時スタート6時終了が多いようです。主婦は忙しい時間帯ですが、メイドがいた中流階級以上ではこの時間がティータイムだったのです。

午後6時以降

ハイティー
High tea

夕方から夜にかけて、夕食に代わる料理やお酒がお茶とともにサーブされるティータイム。サーモンやスモークハムなどのコールドミールやチーズ、サラダに加えて、ビスケットやパウンドケーキなどの焼き菓子が並びます。くだけた雰囲気でのんびりと夜を過ごします。

夕食後

アフターディナーティー
After Dinner tea

食後のゆっくりとした長い時間を、ブランデーなどのお酒の入った紅茶やシェリー酒を飲みながら優雅に過ごす大人のティータイム。昔は書斎やドローイングルームで出されましたが、現在ではバーに移っていただきます。

Part2
ケーキ

Tea and cake is quintessentially
an English tradition; an enjoyment
still beloved by many.

紅茶とケーキはイギリスの伝統。
今でも多くのイギリス人にとって、なくてはならないもの。

ケーキ
Cakes

イギリスに行くと、お菓子の姿と名前が一致しなくて不思議に思うことがあるでしょう。
たとえば、見た目はパンなのに名前はケーキだったり、その逆もあったり。
また、同じパウンド型で焼いているのに、ブレッド、ケーキ、ローフなど、
別の呼び名がついていたり、という具合です。
じつはこれはすべて、大きくは「ケーキ」の仲間とされます。
イギリスにおいて、"CAKE" という単語の定義はとても広く、
その概念には、ブレッド、ケーキ、ローフ、バンズなど、複数の名前が与えられています。
この曖昧な区別が生まれたのには歴史的な理由があります。
鉄道が建設される19世紀のおわりごろまでは人や物の往来があまりなかったため、
お菓子の呼び名も地方ごとに独自に生まれていたからです。
現代においても、あえて呼び名を統一することはせず、
各地で親しまれた古い名前を尊重して使い続ける様子には、
歴史や伝統を重んじるイギリスの人々の気質が表れているようです。

家庭菓子として人気のパウンド型のケーキですが、アフタヌーンティーの定番菓子でもあります。田舎のティールームには必ず用意されていますし、ロンドンのアフタヌーンティーでは、写真のように小さくカットして皿にのせられていたり、卓上の3段スタンドとは別にワゴンにのせられてきて、好みのケーキをその場でスライスしてサーブしてくれたりするところもあります。パウンド型のケーキは、あらたまった席のおもてなし菓子でも、普段着のお菓子でもあります。

バナナブレッド
Banana Bread

当初はベースになるケーキ生地に、マッシュしたバナナと重そうを加えて焼いたお菓子でした。ベーキングパウダーを使うようになってからは、レーズンやナッツなどの重たいドライフルーツを入れた風味豊かなものが作られるようになりました。味や姿は変化しましたが、今でも、シンプルで気軽に作れるお菓子であることに変わりはありません。しっとりした生地に、ほんのり香るバナナの風味がおいしいケーキです。

バナナブレッド
Banana Bread

材料（パウンド型 1台分）
バナナ❶……120g（皮をむいて計量）
ラム酒……大さじ2
バター（食塩不使用）……90g
三温糖……90g
卵（M玉）……75g（溶いて計量）
A ┃ 薄力粉……70g
　 ┃ アーモンドパウダー……20g
　 ┃ ベーキングパウダー……小さじ½
くるみ……30g（粒が大きい場合は粗く刻む）
バナナ❷（飾り用）……30g（皮をむいて計量）
なかない粉糖（仕上げ用）……適量

特に用意する道具
18×7×6cmのパウンド型、型用敷き紙、竹串、網、茶こし

オーブン
予熱190℃、焼成180℃で40分

準備
● バターを室温でやわらかくする。
● 卵を室温に戻し、溶きほぐす。
● 型に敷き紙を敷き込む。
● Aを合わせてふるう。

食べごろと保存
焼いてから3日目くらいがおいしい。
冷めたらすぐにラップに包んで
密閉容器に入れて、冷蔵庫で5日間保存可能。
夏季は3日以内で食べきる。
食べるときに常温に戻す。

生地を作る

1
バナナ❶をフォークで形が残るくらいに粗くつぶし、ラム酒をふりかける。

2
バターをボウルに入れて、ハンドミキサーでクリーム状にする。

3
三温糖を3回に分けて加え、そのつどハンドミキサーでしっかり混ぜ、バターに空気を含ませる。7分ほどしっかり混ぜる。バターの撹拌が少ないと生地のふくらみが少なくなるので注意。

4
溶いた卵を3回に分けて加え、ハンドミキサーでさらに混ぜる。少しずつ卵を加えることで分離を防ぐ。もし分離した場合は、様子を見ながらふるったAの粉を材料表の分量から大さじ2ほど加え混ぜる。

5
ふるったAの粉類を加え、木べらで底から返すようにして、さっくり混ぜ、粉気が残る状態で1のバナナを加える。

6
すぐにくるみも加え、木べらでしっかり混ぜる。1〜2分混ぜ合わせて、生地につやが出てくればよい。しっかり混ぜると、きめの細かい口どけのよい仕上がりになる。

7
型に流し入れる。バナナ❷を5、6枚の輪切りにして、上にバランスよく並べる。

焼く

8
予熱したオーブンに入れ、温度を180℃に下げて40分焼く。表面の割れ目が乾燥し、竹串を中心にさしても何もついてこなければ焼き上がり。型ごと網にのせ、粗熱を取る。

9
粗熱が取れたら型から取り出し、さらに網にのせて冷ます。

仕上げる

10
茶こしで、なかない粉糖(なければ普通の粉糖でもよい)をふりかける。

memo
仕上げにふる粉糖は、バナナの姿を隠さないほうがバナナブレッドらしい顔になります。普通の粉糖を使う場合は、時間とともに消えてしまうので、食べるときにふってください。

レモンドリズルケーキ
Lemon Drizzle Cake

イギリスの焼き菓子のなかで、もっともジューシーでやわらかいケーキです。
甘さ控えめで、酸味がきゅんと効いた、さわやかな味わいです。
ドリズル (Drizzle) は、「霧雨」や「たらす」の意味があり、
文字どおり、レモンのシロップを焼きたてにたっぷりたらしてしみこませます。

材料 (パウンド型 1 台分)
バター(食塩不使用)……75g
グラニュー糖❶……110g
卵……90g(溶いて計量)
薄力粉……110g
ベーキングパウダー……小さじ1
牛乳……大さじ1と½
レモンの皮のすりおろし(p.124 参照)
　……1個分
レモンのシロップ
　｜ レモン汁……1〜1と½個分
　｜ 　(50mℓ)
　｜ グラニュー糖❷……25g

特に用意する道具
18×7×6cmのパウンド型、おろし金、型用敷き紙、竹串、刷毛、網

オーブン
予熱190℃、
焼成180℃で30〜35分

準備
● バターを室温でやわらかくする。
● 卵を室温に戻し、溶きほぐす。
● 型に敷き紙を敷き込む。
● おろし金でレモンをすりおろす。
● レモンを搾る。

食べごろと保存
作りたてと、しっとり味がなじむ3日目くらいがおいしい。
ぴったりラップで包んで密閉容器に入れて、常温で1週間保存可能。
夏季は3日以内で食べきる。

作り方
1. ボウルにバターを入れ、ハンドミキサーでクリーム状にする。
2. グラニュー糖❶を3回に分けて加え、ハンドミキサーですり混ぜる。
3. 溶いた卵を3回に分けて加え、そのつどハンドミキサーで混ぜる。
4. 薄力粉とベーキングパウダーを合わせて**3**にふるい入れ、木べらで底から返すようにして混ぜる。
5. 牛乳とレモンの皮のすりおろしを加え、木べらで生地につやが出るまで混ぜる。
6. **5**の生地を型に流し入れる。予熱したオーブンに入れ、温度を180℃に下げて30〜35分焼く。
7. 焼いている間に、レモンのシロップを作る。小鍋にレモン汁とグラニュー糖❷を入れ、中火にかけて溶かす。
8. オーブンに入れた生地の割れ目が乾燥し、中心に竹串をさして何もついてこなければ焼き上がり。型ごと網にのせて冷ます。
9. ケーキの余熱が残るうちに、**7**のシロップを刷毛で全面にたっぷり塗る。
10. 粗熱が取れたら、型からはずす。

パーキンローフ
Parkin Loaf

パーキンは、イングランド北部リーズに伝わる地方菓子で、11月5日の「ガイ・フォークスデー」の夜に食べられていました。リーズでは、この日を「パーキン・デー」と呼びます。
保存性が高く、冷蔵庫のないむかしでも、気温、湿度の低いイギリスでは約2週間はおいしく食べられたので、労働者階級の生活に合い、パーキン専用の保存木箱も作られました。

材料(パウンド型 1台分)

A
- 三温糖……60g
- バター(食塩不使用)……50g
- ゴールデンシロップ(p.6参照)……90g
- 黒蜜(あればブラックトリークル)……20g

B
- 薄力粉……50g
- ジンジャーパウダー……5g
- ナツメグパウダー……3g

- アーモンドパウダー……20g
- オートミール……25g
- 卵(M玉)……1個
- 牛乳……大さじ1

特に用意する道具
18×7×6cmのパウンド型、型用敷き紙、竹串、網

オーブン
予熱180℃、焼成170℃で35分

準備
- バターを室温でやわらかくする。
- 卵を室温に戻し、溶きほぐして、牛乳と合わせておく。
- 型に敷き紙を敷き込む。
- Bを合わせてボウルにふるい入れる。

食べごろと保存
味がなじむ3日目くらいがおいしい。ぴったりラップをして、密閉容器に入れて常温で1週間保存可能。夏季は3日以内で食べきる。

作り方
1 小鍋にAを入れて、強めの中火で沸騰直前まで火にかける。火にかけすぎて水分がとばないように注意。
2 ふるったBのボウルにアーモンドパウダーとオートミールを加えて混ぜ、合わせておいた卵と牛乳を加えて、木べらで混ぜる。卵と牛乳が全体にいきわたればよい。
3 2に1を流し入れ、木べらでしっかり混ぜる。生地がなめらかになり、つやが出てきたら、型に流し入れる。型の6分目くらいまで生地が入る。
4 予熱したオーブンに入れ、温度を170℃に下げて35分焼く。中心に竹串をさして何もついてこなければ焼き上がり。
5 型ごと網にのせて冷まし、粗熱が取れたら、型から出してさらに網の上で冷ます。

いちじくのケーキ
Fig Loaf

セミドライのいちじくを使った、ワンボウルでできるお手軽ケーキ。
いちじくのプチプチとした食感がアクセントになっています。
イギリスでは、いちじくは、ビスケットや料理にも使われるおなじみの素材です。
パウンド型で焼いたケーキをイギリスではローフともいいます。

材料（パウンド型 1 台分）
バター（食塩不使用）……60g
純粉糖……84g
アーモンドパウダー……84g
卵（M玉）
　……140g（溶いて計量）
A ｛
　オレンジの皮のすりおろし
　　（p.124 参照）
　……½個分
　バニラオイル……5滴
　ラム酒……小さじ1
｝
セミドライいちじく❶……60g
薄力粉……30g
あんずシロップ
｛
　あんずジャム……30g
　水……大さじ1
｝
セミドライいちじく❷（飾り用）
　……3、4個

特に用意する道具
18×7×6cmのパウンド型、
おろし金、型用敷き紙、竹串、刷毛

オーブン　予熱170℃、
焼成160℃で35〜40分

準備
● バターを室温でやわらかくする。
● 卵を室温に戻し、溶きほぐす。
● おろし金でオレンジの皮を
　すりおろす。
● 型に敷き紙を敷き込む。
● セミドライいちじく❶を
　1.5cm角に刻む。
● 飾り用のセミドライいちじく❷を
　半分にカットする。

食べごろと保存
「バナナブレッド」（p.52）と同じ。

作り方
1. ボウルにバターを入れ、ハンドミキサーでクリーム状にする。
2. 純粉糖を3回に分けて加え、そのつどすり混ぜる。
3. アーモンドパウダーを加え、混ぜる。
4. 溶いた卵を5回に分けて加え、そのつど混ぜる。Aも加え混ぜる。
5. セミドライいちじく❶に、分量の薄力粉から大さじ1程度を取ってまぶし、生地に加える。木べらに持ち替えて混ぜる。
6. 残りの薄力粉をふるいながら5に加え、木べらで生地につやが出るまでしっかり混ぜる。
7. 生地を型に流し入れる。
8. 予熱したオーブンに入れ、温度を160℃に下げて35〜40分焼く。表面の割れ目の中が乾き、中心に竹串をさして何もついてこなければ焼き上がり。型ごと網にのせて冷ます。
9. あんずジャムと水を鍋に入れて弱火にかけ、なめらかになるまで木べらで混ぜながら熱し、あんずシロップを作る。
10. ケーキの粗熱が取れたら、そっと型から出し、敷き紙をはずす。ケーキが熱いうちに、9の半量を刷毛で表面に塗る。
11. セミドライいちじく❷を飾り、残りの9を塗る。

ウェールズ地方のボイルドフルーツケーキ
Welsh Boiled Fruit Cake

名前に「ボイルド」とあるように、ドライフルーツを鍋でぐつぐつと煮て使う、珍しいお菓子です。
やわらかくなったドライフルーツが生地になじんで、しっとりおいしいケーキになります。

材料（パウンド型1台分）

A
- ドライフルーツミックス……100g
- バター（食塩不使用）……70g
- 三温糖……70g
- 牛乳……130mℓ

B
- 薄力粉……130g
- ベーキングパウダー……小さじ½
- 重そう……小さじ½
- ミックススパイス（p.7参照）……小さじ½

卵（M玉）……1個

特に用意する道具
18×7×6cmのパウンド型、
型用敷き紙、竹串、網

オーブン
予熱190℃、焼成180℃で30分

準備
● バターを室温でやわらかくする。
● 卵を室温に戻し、溶きほぐす。
● 型に敷き紙を敷き込む。
● Bの粉類を合わせてボウルにふるう。

食べごろと保存
「バナナブレッド」（p.52）と同じ。

作り方
1. 小鍋にAを入れて、混ぜながら中火にかけ、2分ほどして泡立ってきたら弱火にし、さらに2分混ぜ続けて火から下ろし、冷ます。煮すぎると水分が減ってケーキが堅くなるので注意。
2. Bの入ったボウルに、卵を加えて木べらでさっくり混ぜる。1を加え、全体になじむまでよく混ぜ、型に流し入れる。
3. 予熱したオーブンに入れ、温度を180℃に下げて30分焼く。表面が乾燥し、中心に竹串をさして何もついてこなければ焼き上がり。型ごと網にのせて冷ます。食べるときに敷き紙をはずす。

イギリスだより

ウェールズの「ラブスプーン」

ウェールズでは、男性が女性に結婚を申し込むときに、一刀彫のスプーンを作って贈る習わしがあります。これは16世紀ごろから続く伝統で、ケルト民族の文化をもつウェールズではスプーンが幸運のお守りなのだそうです。彫られた形にはそれぞれ意味があり、ハートは愛、枠の中にある玉は子宝、鎖は永遠のつながりを意味しているのだとか。民芸品として売られているので、お土産に探すのも楽しいですよ。

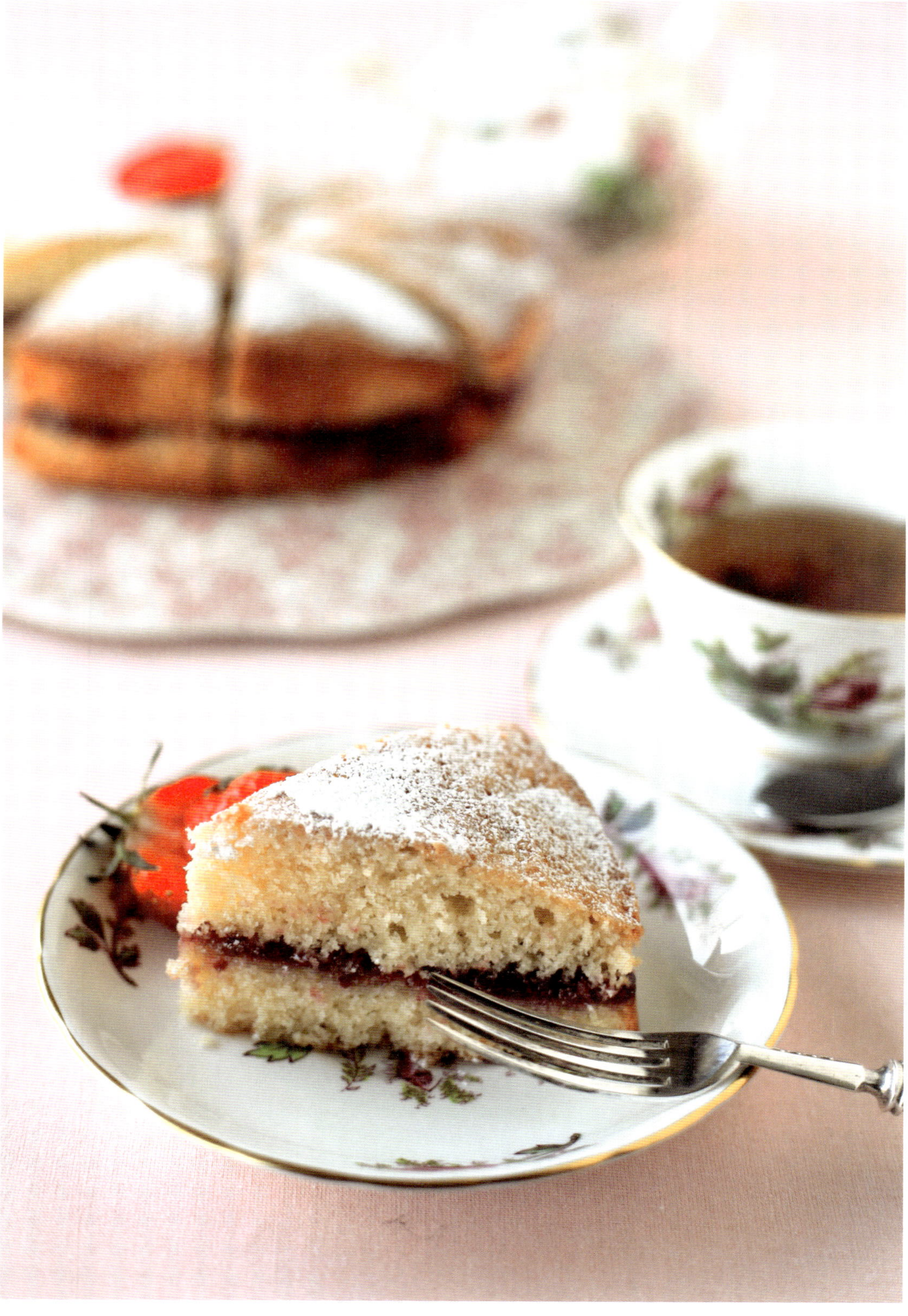

ヴィクトリアサンドイッチケーキ
Victoria Sandwich Cake

ヴィクトリア女王のために作られたお菓子で、
イギリスでは定番として愛される、いちごジャムをはさんだシンプルなケーキ。
バター：砂糖：卵が、1：1：1の同割レシピです。
イギリスでは、泡立器でよく混ぜて、生地に空気をたくさん含ませたものより、
木べらでほどよくすり混ぜて、どっしり重めのスポンジに仕上げるのが好まれます。

材料（直径18cmの丸型 1台分）
バター（食塩不使用）……125g
グラニュー糖……125g
卵（M玉）……125g（溶いて計量）
A ┌ 薄力粉……95g
　├ アーモンドパウダー……35g
　└ ベーキングパウダー……小さじ1
いちごジャム……150g
なかない粉糖（仕上げ用）……適量

特に用意する道具
直径18cmの丸型、型用敷き紙、竹串、網、茶こし

オーブン
予熱180℃、焼成170℃で30分

準備
● バターを室温でやわらかくする。
● 卵を室温に戻し、溶きほぐす。
● 型の底面と側面に敷き紙を敷く。
● Aの粉類を合わせてふるう。

食べごろと保存
ジャムをサンドしてすぐがおいしい。
ふんわりラップをして、常温で3日間保存可能。

作り方
1 バターをボウルに入れ、ハンドミキサーでクリーム状にする。
2 グラニュー糖を3回に分けて加え、そのつどすり混ぜる。グラニュー糖がなじんで、なめらかになればOK。
3 溶いた卵を少しずつ加え、ハンドミキサーで混ぜ合わせる。
4 Aの粉類を3に加え、木べらで底から返すようにしてもらなく混ぜ合わせる。
5 敷き紙をした型に4の生地を流し入れる。
6 予熱したオーブンに入れ、温度を170℃に下げて30分焼く。
7 竹串を中心にさして何もついてこなければ焼き上がり。粗熱が取れたら型からはずし、網にのせて冷ます。
8 冷めたら横半分にスライスして、片方にいちごジャムをたっぷり塗ってサンドする。
9 茶こしで表面になかない粉糖をふる。

茶こしで粉糖を均等にふるには、手でトントンと茶こしを軽く叩くイメージで、少し高めの位置からふるとうまくいきます。

🇬🇧 イギリスだより

失意の女王をなぐさめたお菓子

イギリスの歴史のなかでも、仲睦まじい夫婦として知られたヴィクトリア女王（1819-1901）とその夫アルバート公（1819-1861）。ロンドンでの公務を離れて家族でゆっくり過ごすため、イギリス南部のワイト島に別荘をかまえました。ところが、1861年のクリスマスを目前に、アルバート公が急逝。ヴィクトリア女王は人と会うのを避け、長い間喪に服すことになりました。

　そんな女王をなぐさめようと作られたのがヴィクトリアサンドイッチケーキでした。ほのかに甘いスポンジに女王の好きなジャムをはさみ、粉糖をふったシンプルなケーキ。それが女王のお気に入りとなり、初めての公務復帰となるパーティーでもこのケーキがふるまわれました。

写真／ヴィクトリア女王 Queen Victoria by Alexander Bassano, 1887(1882)
© National Portrait Gallery, London

スコットランドのダンディーケーキ
Scotland Dundee Cake

スコットランドの東海岸にある
ダンディーという港町で生まれた、
ラム酒の効いた重厚なケーキ。
オレンジピールとドライフルーツがたっぷり入った、
フルーツが主役の贅沢な味わいです。
かつてマーマレードを作る会社が
オレンジピールを使ったケーキを作り
それがダンディーケーキとして
イギリス全土に広まりました。
クリスマスケーキとしても親しまれており、
ハンパー（贈答用の食品などの詰め合わせバスケット）にも
よく入っている特別なケーキです。
イギリスは日本より湿度と気温が低く、常温で長期保存可能。
そのためギフトに向いていること、
また、紅茶との相性もよいことから、
根強い人気を誇っています。

通年買うことができますが、特にクリスマスシーズンにはどのスーパーマーケットでも手に入れることができます。放射状に並んだアーモンドがトレードマークで、クリスマスの特別なケーキとして人気。ドライフルーツが粉よりも多く使われていて、贅沢さが伝わるお菓子なのです。イギリス人もこれをもらうとスペシャルな気持ちになるそうです。

材料(直径18cmの丸型 1台分)
バター(食塩不使用)……150g
三温糖……150g
卵(M玉)……3個
ラム酒……大さじ2
レーズン(ラム酒漬けやカランツでもよい)
　……200g
オレンジピール……70g
薄力粉……180g
ベーキングパウダー……小さじ1
アーモンドパウダー……50g
皮なしアーモンド(粒)……70g
純粉糖……適量

特に用意する道具
直径18cmの丸型、型用敷き紙、茶こし、竹串、網

オーブン
予熱190℃、焼成180℃で40〜50分

準備
- バターを室温でやわらかくする。
- 卵を室温に戻し、溶きほぐす。
- オレンジピールが大きい場合には、5mm幅に切り揃える。
- 型に敷き紙を敷き込む。火の当たりをやわらかくするために側面は二枚重ねにして敷く。

食べごろと保存
味がなじむ3日目からがおいしい。ラップに包んで冷暗所で1週間保存可能。日本より湿度と気温が低いイギリスでは4週間常温で熟成させてから食べる。

生地を作る

1
ボウルにバターを入れ、ハンドミキサーで白っぽくなるまで混ぜる。

2
三温糖を3回に分けて加え、そのつどよくすり混ぜる。

3
溶いた卵を少しずつ加えながらよく混ぜ、ラム酒も加え混ぜる。むらのない状態にする。

4
レーズンとオレンジピールを加え、木べらに持ち替えて混ぜる。

5
薄力粉とベーキングパウダー、アーモンドパウダーを混ぜ合わせ、4にふるい入れる。なめらかになるまで木べらで底から返すようにして混ぜる。

型に詰める

6
型に生地を詰め、スプーンの背で生地の中央をくぼませる。

7
皮なしアーモンドを放射状に並べる。茶こしで純粉糖をふる。

焼く

8
予熱したオーブンに入れ、温度を180℃に下げて40〜50分焼く。表面に焼き色がつきすぎる場合は、アルミホイルをかぶせる。中心に竹串をさして、何もついてこなければ焼き上がり。型ごと網にのせて冷ます。粗熱が取れたら型からはずす。

ブリティッシュティーケーキ
British Tea Cakes

ケーキと名がついていますが、イーストを使ったパンの仲間です。
ドライイーストを使って、発酵1回だけの簡単レシピ。
2枚にスライスしてこんがりトーストし、バターを塗って、
午後4時のティータイムに食べられていました。
ティールームでは、紅茶とともに出てきます。
むかしから、一日のうちティータイムによく食べられていたので、
今でもそのまま「ティーケーキ」の名前で愛されています。

材料(直径10cm 5個分)

A ┤ 強力粉……225g
  │ 塩……小さじ1/2
  └ グラニュー糖……35g

B ┤ ドライイースト……小さじ1
  │ 40℃の湯……大さじ2
  └ グラニュー糖……5g

40℃の牛乳❶……125g
バター❶(食塩不使用)……20g
カランツ……25g
レーズン……25g
牛乳❷(つや出し用)……大さじ1
サラダ油(ボウル用)……少量
バター❷(食卓用)……適宜

特に用意する道具
湯せん用の鍋、クッキングシート、布巾2枚、刷毛、網

オーブン
発酵:予熱30℃、発酵30℃で30分
焼成:予熱190℃、焼成180℃で13〜15分

準備
● バター❶を室温でやわらかくする。
● ボウルの内側にキッチンペーパーなどでサラダ油を薄く塗る。
● 〈生地を作る5分前に〉
  小さなボウルにBを混ぜ合わせ、5分そのままにしておく。
● 〈使う直前に〉
  牛乳❶を湯せんか電子レンジで40℃に温める(使うときに40℃であるようにする)。

食べごろと保存
焼きたてがおいしい。
密閉容器に入れて常温で2日間保存可能。

作り方

1 サラダ油を塗っていない別のきれいなボウルにAを合わせてふるい入れる。中心をくぼませて、そこに5分おいたBを注ぎ、手で混ぜる。40℃に温めた牛乳❶も加えて手で混ぜる。

2 バター❶を1のボウルにちぎって加え、生地を折りたたみながら5分ほどしっかり練る。

3 カランツとレーズンを加え、生地を折りたたんで混ぜる。

4 サラダ油を塗ったボウルに3の生地を丸めて入れる。

5 4のボウルにラップをかけて、30℃に予熱したオーブンに入れ、そのままの温度で30分発酵させる。生地が2〜2.5倍に膨らめばよい。また、指に強力粉(材料表外)をつけ、生地の中央にさして抜き、指の穴がそのまま残ればよい。穴がすぐに消える場合は発酵不足。

6 天板にクッキングシートを敷く。

7 発酵した生地を5等分して、手で丸め、天板に並べる。乾いた布巾をかけ、さらにその上から堅く絞ったぬれ布巾をかけ、常温で10〜15分おく。表面がなめらかになる。

8 生地の表面に刷毛で冷たい牛乳❷を塗る。

9 190℃に予熱したオーブンに入れ、温度を180℃に下げて13〜15分焼く。表面がきつね色になれば焼き上がり。ひとつずつ網に移して冷ます。

10 食べるときに、2枚にスライスしてトーストし、バター❷を塗る。

🇬🇧 イギリスだより

「ティーケーキ」とアフタヌーンティーの始まり

19世紀半ばの1840年代、アン・ベッドフォード公爵夫人は、ある楽しみを見つけました。当時のイギリスの上流階級の食事は、一日二食でした。朝食の後、観劇や狩りを楽しみ、夕食は夜8〜9時ごろの遅い時間にとることが普通とされていました。その間の空腹を満たすために、毎日午後4時ごろに紅茶と簡単なパンとバターをトレイにのせて、自室でひとりお茶の時間をつくったのです。次第に、友人の貴婦人たちを招くようになって、紅茶を楽しむ文化が上流階級に広まり、アフタヌーンティーの始まりとなりました。

アフタヌーンティーの登場とときを同じくして生まれたのが「Tea Time Cake」というお茶菓子の存在です。このページで紹介した「ティーケーキ」も、姿はレーズン入りのパンですが、夕方4時のティータイムに紅茶とともに楽しまれたことから、その名がつけられ、今もなお、その古い名で親しまれています。このほかにも、イギリスには「ティーケーキ」と名前のついた別のお菓子があります。そんなお菓子に出会ったら、そのお菓子は、古くからティータイムのお菓子として愛されてきた、ということがわかって、思わず笑顔になりますね。

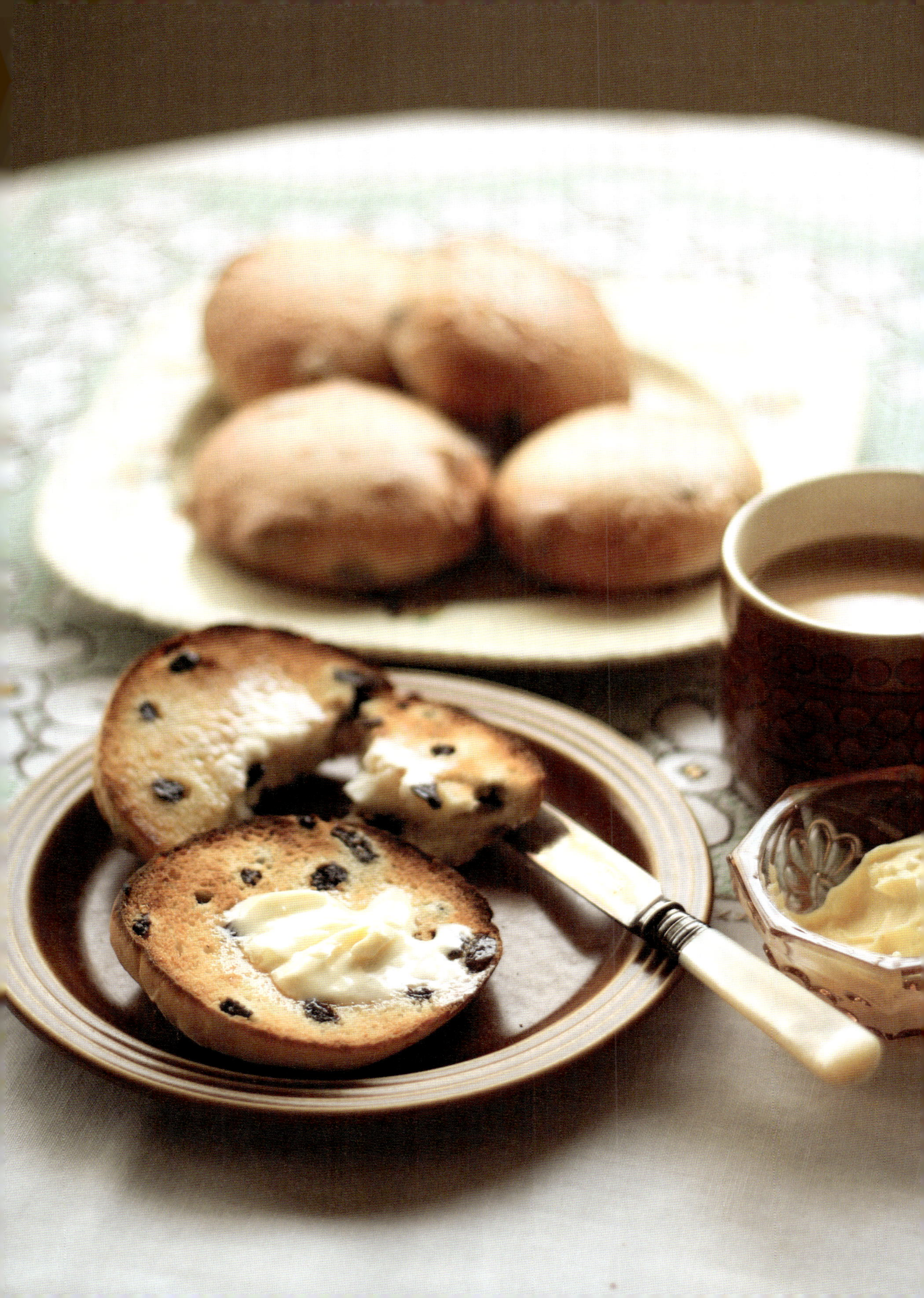

オレンジポピーシードケーキ
Orange Poppy Seed Cakes

パウンド型で焼いたむかしながらのケーキも愛されていますが、最近、イギリスでもマフィンカップで焼いた小さなケーキが人気です。いま流行中なのは、カラフルなアイシングがのったカップケーキですが、こちらはイギリスの焼き菓子でよく使われるポピーシードを焼き込みます。

材料（カップ 6個分）
- バター（食塩不使用）……50g
- 純粉糖……80g
- 卵（M玉）……1個
- 薄力粉……130g
- ベーキングパウダー……小さじ1
- 牛乳……50mℓ
- オレンジ果汁❶
  ……大さじ2（約1/2個分）
- オレンジの皮のすりおろし（p.124参照）
  ……1/2個分
- ポピーシード……大さじ2
- アイシング（仕上げ用）
  | 純粉糖……55g
  | オレンジ果汁❷……大さじ1

特に用意する道具
6個取りマフィン焼き型とベーキングカップ（容量70mℓ）6枚（同容量のシリコン型でも可）、おろし金、竹串、網

オーブン
予熱180℃、焼成170℃で25分

準備
- バターを室温でやわらかくする。
- 卵を室温に戻し、溶きほぐす。
- マフィン型にベーキングカップを入れる。
- 薄力粉とベーキングパウダーを合わせてふるう。

食べごろと保存
焼きたてがおいしい。
密閉容器に入れて冷蔵庫で3日間保存可能。

作り方
1. ボウルにバターを入れ、ハンドミキサーでクリーム状にする。
2. 純粉糖を3回に分けて加えて、ハンドミキサーで混ぜる。
3. 卵も3回に分けて加え、ハンドミキサーで混ぜる。
4. ふるった粉類の1/3量を**3**に加え、木べらで混ぜる。
5. 牛乳とオレンジ果汁❶を加え、軽く混ぜ、残りの粉類を加えて木べらで混ぜる。
6. オレンジの皮のすりおろしとポピーシードを加え、生地につやが出るまで木べらでしっかり混ぜる。
7. **6**の生地をベーキングカップの8分目まで流し入れる。
8. 予熱したオーブンに入れ、温度を170℃に下げて25分焼く。中心に竹串をさして何もついてこなければ焼き上がり。網にのせて冷ます。
9. アイシングを作る。小さなボウルに材料を入れて、なめらかになるまで混ぜる。ケーキの粗熱が取れたらスプーンでアイシングをかける。

memo
粉類を2回に分けて、先に少し加えることで、生地が分離しにくくなります。

チョコレートブラウニー
Chocolate Brownie

イギリスのパン屋さんでは、スコーンのほかにも焼き菓子を置いていることがありますが、なかでも、このブラウニーはよく見かけるもののひとつです。
アメリカ生まれのお菓子ですが、スーツ姿の男性がひとかけだけ買って歩きながら食べる姿はとてもイギリスらしいものです。
今ではイギリスの定番菓子となって、大きなカットで売られています。

材料（天板1枚分）
- 製菓用スイートチョコレート……220g
- バター（食塩不使用）……100g
- 卵（M玉）……2個
- 卵黄……1個
- きび糖……80g
- A
  - 薄力粉……60g
  - ココアパウダー（無糖）……20g
  - ベーキングパウダー……小さじ1/2
- くるみ❶……70g
- くるみ❷（飾り用）……30g（大粒10個）

特に用意する道具
28×18×2cmの天板、クッキングシート、竹串、網

オーブン
予熱190℃、焼成180℃で25～30分
（くるみ❶の下準備は、予熱160℃、焼成150℃で10分）

準備
- バターを室温でやわらかくする。
- 全卵と卵黄を室温に戻して、大きなボウルに合わせて溶きほぐす。
- くるみ❶を粗く刻み、クッキングシートを敷いた天板にのせる。予熱したオーブンに入れて、温度を150℃に下げて10分焼き、冷ましておく。
- 天板にクッキングシートを敷く。
- Aを合わせてふるう。

食べごろと保存
味がなじむ3日目くらいがおいしい。ぴったりラップをして密閉容器に入れて、常温で5日間保存可能。夏季は3日以内で食べきる。

作り方
1. ボウルにチョコレートとバターを入れ、40～45℃の湯せんにかけて溶かす。
2. 卵のボウルに、きび糖を加えて、泡立て器で混ぜる。
3. 2のボウルに、1を加え、泡立て器で静かに混ぜる。
4. さらにAの粉類を加え、木べらでしっかりつやが出るまで混ぜる。
5. くるみ❶を加えてさっくり混ぜ、天板に流し入れて、平らに広げ、飾り用のくるみ❷をのせる。
6. 予熱したオーブンに入れ、温度を180℃に下げて25～30分焼く。中心に竹串をさして何もついてこなければ焼き上がり。
7. 天板ごと網にのせて冷ます。粗熱が取れたら、クッキングシートごと天板からはずし、さらに網の上で冷ます。その後、余熱が少し残るくらいで、ビニール袋にふんわり入れて冷ますと、しっとりおいしく仕上がる。食べるときにカットする。

材料
(仕上がりサイズ18×6×6cm 1本分)
＊2色のパウンドケーキを各1台ずつ焼いて組み合わせる。

バター(食塩不使用)……175g
グラニュー糖……175g
卵(M玉)……3個
牛乳……大さじ2
薄力粉……175g
ベーキングパウダー……大さじ1
食紅(赤)……適量
マジパン……400g
純粉糖(マジパンの打ち粉用)……適宜
アプリコットジャム……適量

特に用意する道具
18×7×6cmのパウンド型2個、型用敷き紙、竹串、網、刷毛

オーブン
予熱190℃、焼成180℃で30分

準備
● バターを室温でやわらかくする。
● 卵を室温に戻し、溶きほぐし、牛乳と合わせる。
● パウンド型に敷き紙を敷き込む。

食べごろと保存
味がなじむ3日目くらいがおいしい。
密閉容器に入れて、常温で5日間保存可能。夏季は3日以内に。

イギリスで使われているバッテンバーグケーキ専用の焼き型。日本では手に入りにくいので、身近なパウンド型をふたつ使って作れるようにアレンジしました。

バッテンバーグケーキ
Battenberg Cake

2色のスポンジを組み合わせた、切り口が美しいケーキ。
ヴィクトリア時代には、3色のブロックを組み合わせ、今より大きなケーキでした。
チェッカー模様となるので、「チェッカーボードケーキ」とも呼ばれました。
このケーキが生まれたのは、1884年、ヴィクトリア女王の孫娘とドイツのバッテンバーグ家の息子との結婚披露宴の席です。
ドイツからイギリス王室に来たバッテンバーグ家への敬意を表してこのケーキが作られたとか。
今でもアフタヌーンティーのお菓子、日常のおやつとして全土で愛されています。

生地を作る

1
ボウルにバターを入れ、ハンドミキサーでクリーム状にする。

2
グラニュー糖を3回に分けて加え、そのつどハンドミキサーでなめらかになるまで混ぜる。

3
卵と牛乳を合わせたものを、**2**に少しずつ加えながら、ハンドミキサーで混ぜる。

4
薄力粉とベーキングパウダーを混ぜ合わせてふるい、**3**に加え、木べらで混ぜる。

5
生地をふたつのボウルに2等分する(約320gずつ)。

6
片方に、食紅の赤を数滴加えて混ぜる。少量でも色が濃くつくので、少しずつ様子を見ながら加える。

焼く

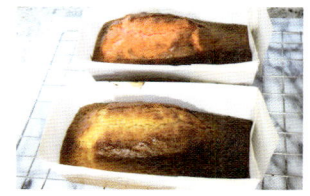

7
2色の生地をそれぞれ型に流し入れる。予熱したオーブンにふたつ同時に入れ、温度を180℃に下げて30分焼く。竹串を中心にさして生地がついてこなければ焼き上がり。型ごと網にのせて冷ます。粗熱が取れたら型から出し、網の上で完全に冷ます。

組み立てる

8
各スポンジから2.5cm角の棒2本を切り、赤白2本ずつ取る(同量くらいのスポンジが残る。そのまま食べても、トライフル(p.119)にしてもよい。堅いスポンジなので生クリーム量は調整する)。

9
マジパンに純粉糖の打ち粉をしながら麺棒で3〜5mmの厚さにのばし、20×25cm四方にカットする。

10
4本のスポンジの接着面にアプリコットジャムを刷毛で塗って、チェック模様に組み合わせる。

11
周囲4面にもジャムを塗り、マジパンの中央にのせ、貼りつけるようにぴったり覆う。合わせ目をつまんで閉じ、直角の辺を指で軽くつまんで角を出す。こうすると、スライスしたときにばらばらにならない。

仕上げる

12
表面に包丁で軽く格子柄を描いて、約1.5〜2cm幅にスライスする。

ウェリッシュケーキ（ウェールズ地方のおやき）
Welsh Cakes

「グリドルストーン」と呼ばれる平たい鉄板で焼く、ウェールズの伝統菓子。
ウェールズでは街中あちこちにある屋台で食べることができます。
ドライフルーツの入った生地を鉄板に落として焼き上げ、薄いおやきのような形に。
素朴でやさしい味わいは、くせになるおいしさです。

材料（直径5cm 6枚分）
A ┃ 薄力粉……225g
　 ┃ ベーキングパウダー……小さじ1
　 ┃ ミックススパイス（p.7参照）……小さじ1
バター（食塩不使用）……110g
グラニュー糖……80g
ドライフルーツ
　（レーズン、カランツなど好みのもの）……80g
卵（M玉）……1と1/2個
サラダ油……大さじ1

特に用意する道具
カード、フライパンまたはホットプレート、
キッチンペーパー、フライ返し

準備
● バターをサイコロ状に切って
　冷蔵庫で冷やしておく。
● 卵を室温に戻し、溶きほぐす。

食べごろと保存
焼きたてがおいしい。
ひとつずつラップに包んで密閉容器に
入れて、常温で3日間保存可能。

作り方
1 Aの粉類を合わせてボウルにふるい入れる。冷えたバターを加え、カードで切るように混ぜる。バターの小片が全体に散ったら、指先を使って手の熱が加わらないようにそぼろ状になるまですり混ぜる。
2 さらにグラニュー糖とドライフルーツを加え、木べらでさっくり混ぜる。
3 溶いた卵を加えてやさしく混ぜ、木べらでひとまとめにする。
4 手で厚さ1cm、直径5cm大の円形に整える。
5 フライパンまたはホットプレートを熱し、キッチンペーパーでサラダ油を塗り広げ、4の生地を並べて両面焼く。焼きながら、木べらかフライ返しで生地を押して平たく焼き上げる。両面がきつね色になったら焼き上がり。お好みでバターを塗ったり、グラニュー糖（どちらも材料表外）をふりかけて食べる。

上からぎゅーっと押さえつけるように焼くのがこのお菓子のポイント。しっかり火を通し、保存性を高める意味がありました。上の写真の鉄板は、現在もイギリスの一般家庭で使われている持ち手つきタイプのリメイク版グリドルストーン。

古いグリドルストーンの一種。ケルト民族が伝えたものといわれ、かつてはスコーンを焼くのにも使われていました。鉄製でずしりと重い。

イギリスのパンケーキ
Pancakes

復活祭の前の「パンケーキデー」に食べるイギリスのパンケーキ。
キリスト教の断食期間である「レント」に入る前に、残っている卵、牛乳、バターなどを
使い切ってしまおうという意味合いがありました。フランスのクレープとは薄さと巻き方が違い、
イギリス伝統のパンケーキは、たっぷりの砂糖とレモンをかけていただきます。

材料(8枚 4人分)
卵(M玉)……2個
牛乳……300ml
薄力粉……100g
バター(食塩不使用)……40g(5g×8枚分)
グラニュー糖(仕上げ用)
　……約40g(1枚につき小さじ1程度)
レモン汁(仕上げ用)
　……約40ml(レモン1個〜1.5個分。
　1枚につき小さじ1程度)

特に用意する道具
フライパン、フライ返し

準備
● 薄力粉をふるう。
● 卵を室温に戻す。
● レモン汁用のレモンを搾る。

食べごろと保存
焼きたてがおいしい。
ラップをして冷蔵庫で
2日間保存可能。

作り方
1　ボウルに卵を割り入れて混ぜ、牛乳を加えて軽く混ぜる。
2　**1**に薄力粉を加え、泡立て器で混ぜる。粉気がなくなればよい。
3　**2**のボウルにラップをして常温で30分休ませる。
4　フライパンを熱して5gのバターを溶かし、1枚分の生地を流し入れる。フライパンを傾けて素早く薄く広げて、焦げ目がつかないよう、弱火でやさしく焼く。生地の周囲がすっとはがれる状態になったら、フライ返しでひっくり返して両面焼く。これを8枚分繰り返す。
5　焼き上がったら皿に広げ、1枚ずつ、グラニュー糖とレモン汁をそれぞれ小さじ1/2ほどふり、端からくるくる巻く。皿に盛りつけ、仕上げのグラニュー糖とレモン汁をそれぞれ小さじ1/2ほどふる。写真のようにカットしたレモン(材料表外)を添えてもよい。

イギリスだより

便利なパンケーキミックス

今イギリスでは、簡単にお菓子作りができる便利な製菓材料が人気を集めています。比較的手軽に作れるパンケーキでさえ、牛乳を入れてふるだけで生地が完成するボトル状のミックス粉が登場しています。気軽にお菓子を作ることができるこれらの便利材料は、今やイギリスの家庭の必需品です。

バタフライカップケーキ　Butterfly Cupcakes

ちょうちょが舞いおりたような姿で、テーブルを華やかにしてくれる、シンプルな定番カップケーキです。
イギリスの子どもの誕生日パーティーによく作られるお菓子で、古くから親しまれています。ケーキの上をくりぬいて、クリームをのせて、カットしたスポンジをちょうちょに見立てて飾ります。ちょっといびつなカットでも、ちゃんと愛らしい姿になるので心配はいりません。

材料（カップ 6個分）
- バター（食塩不使用）……80g
- グラニュー糖❶……80g
- 卵（M玉）……2個
- 薄力粉……120g
- ベーキングパウダー……小さじ1
- 牛乳……大さじ1
- 生クリーム
  - 生クリーム（乳脂肪分45％以上）……200ml
  - グラニュー糖❷……15g
  - キルシュ（さくらんぼの蒸留酒）……小さじ1
- なかない粉糖（仕上げ用）……適量

特に用意する道具
6個取りマフィン焼き型とベーキングカップ（容量70ml）6枚（同容量のシリコン型でも可）、竹串、網、絞り袋、星口金、茶こし

オーブン
予熱190℃、焼成180℃で20分

準備
- バターを室温でやわらかくする。
- 卵を室温に戻し、溶きほぐす。
- マフィン型にベーキングカップを敷く。

食べごろと保存
できたてがおいしい。密閉容器に入れて冷蔵庫で保存し、翌日じゅうに食べきる。

作り方

1. バターをボウルに入れ、ハンドミキサーでクリーム状にし、グラニュー糖❶を3回に分けて加え、しっかりすり混ぜる。
2. 溶き卵を4回に分けて加えて混ぜる。もし分離しかけたら、分量の薄力粉から大さじ2を加え混ぜ、なめらかにする。
3. 薄力粉とベーキングパウダーを合わせてふるい入れ、牛乳もふり入れ、生地につやが出るまで木べらで混ぜる。
4. 生地をベーキングカップの8分目まで流し入れる。
5. 予熱したオーブンに入れ、温度を180℃に下げて20分焼く。表面が乾いて、中心に竹串をさして何もついてこなければ焼き上がり。網にのせて冷ます。
6. 生クリームをボウルに入れ、グラニュー糖❷とキルシュを加えて、ハンドミキサーで8分立てにする（p.124参照）。
7. ケーキが冷めたら上をペティナイフでくりぬく。絞り袋に口金をつけて、生クリームを詰め、くりぬいたところに絞る（先に材料表外のいちごジャムをのせてもおいしい）。くりぬいた生地を半分に切り、ちょうの羽のように飾る。
8. 茶こしで、なかない粉糖をふる。右ページの写真のように、アイシングデコレーション（材料表外）を飾るとかわいい。

イギリスだより　ロンドンで流行中のカラフルカップケーキ

今、イギリスでも大人気のカップケーキ。イギリスでは、バタフライカップケーキをはじめ「フェアリーケーキ」とも呼ばれ、古くから親しまれてきた定番のお菓子です。これが近年爆発的な人気となったきっかけは、アメリカの連続テレビドラマの『SEX and the CITY』。ドラマのなかで、主人公がピンク色のカップケーキを食べたことから世界中で人気に火がついたといわれ、イギリスでもロンドンを中心に、カラフルなカップケーキが急速に広まりました。

　流行のカップケーキは、ビビッドな色づかいの大量のアイシングが特徴です。アニバーサリーのモチーフや、時事ニュースや季節の行事などを、たっぷりのアイシングクリームや砂糖菓子で飾ります。店先に並ぶ様子は、まるで小さな芸術品。2012年は、女王在位60周年を祝う王冠を描いたもの、オリンピックの五輪を模したものなど、遊び心ある楽しいデザインがたくさん登場しました。2013年7月には、待望のロイヤルベビーが誕生しました。イギリスで男児の出産祝いのモチーフは、青いベビーシューズと男の子のテディベアです。ニュースに合わせてどんなデザインのお菓子が出てくるのか、それもイギリス国民の楽しみのひとつです。

カラフルなアイシングでユニオンジャックを描いたカップケーキ。

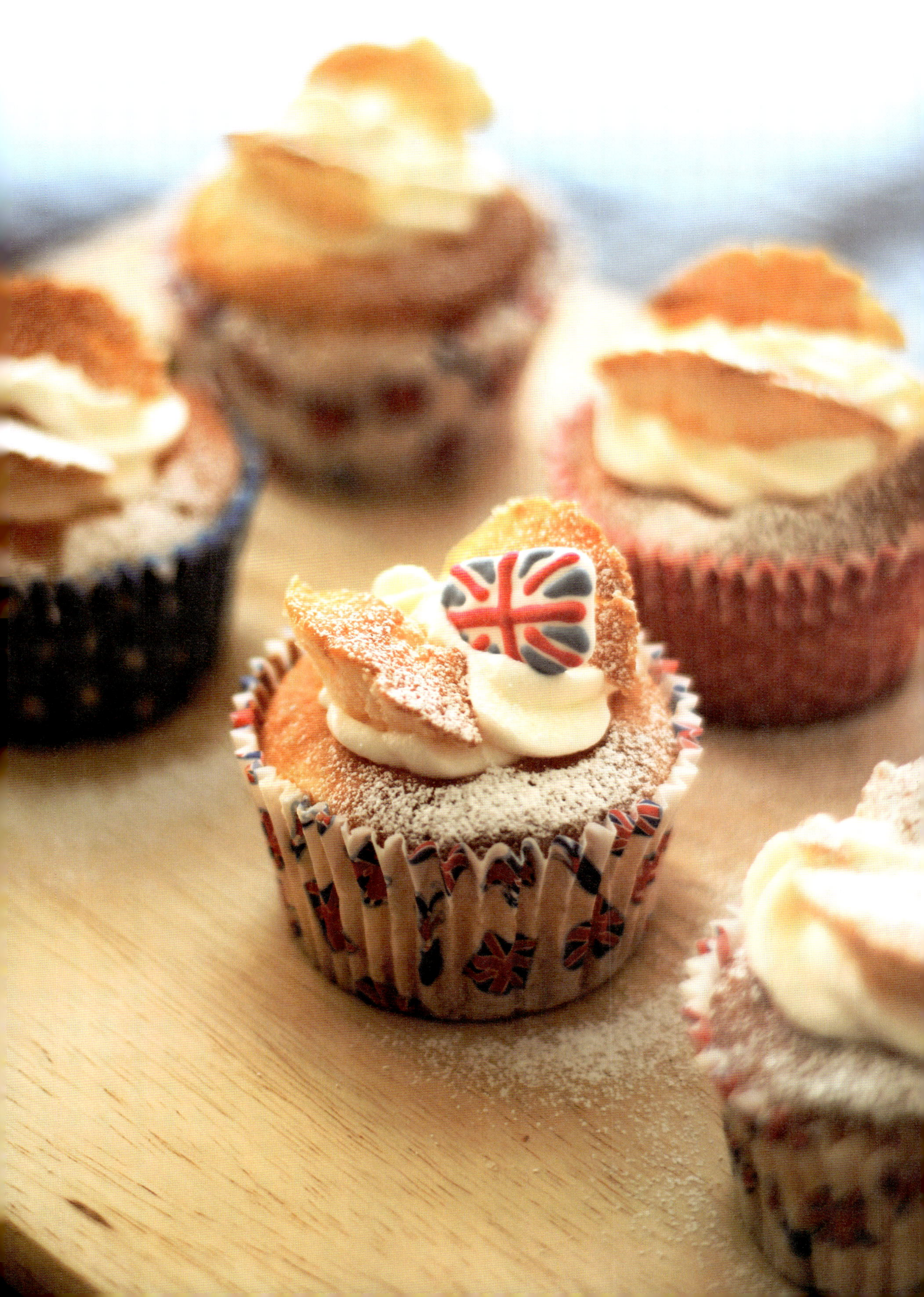

キャロットケーキ
Carrot Cake

イギリスのティールームで必ず見かけるケーキのひとつです。
砂糖が高価だった時代、にんじんの自然の甘みを使ってケーキ作りを楽しみました。
古いレシピでは、バターを使った卵なしのキャロットケーキもありますが、
現在では、軽い食感を求めて、サラダ油を使ったレシピが人気です。
イギリスのレシピでは、甘みの強いにんじんを粗くすりおろして、
しっかり水気を切り、生地に焼き込みます。
日本のにんじんで作る場合は、水気を軽く切るくらいがちょうどよいようです。
とびきりおいしい、おすすめのレシピです。

材料（直径18cmの丸型 1台分）

ケーキ生地
- サラダ油……160mℓ
- 三温糖……100g
- 卵(M玉)……2個
- A
  - 薄力粉……160g
  - ベーキングパウダー……小さじ1と½
  - ミックススパイス(p.7参照)……小さじ½
  - シナモンパウダー……小さじ½
  - ナツメグパウダー……小さじ½
- にんじんのすりおろし……180g(準備して計量)
- オレンジ果汁……大さじ1
- くるみ……40g

にんじん細工
- 細工用マジパン……60g(にんじん細工12個分)
- 食用色素(黄、赤)……適量(あればオレンジ色でもよい)
- 純粉糖❶(打ち粉用)……適宜
- セルフイユなどの葉(葉の飾り用)……適宜

クリーム(チーズクリーム・フロスティング)
- バター(食塩不使用)……45g
- クリームチーズ……200g
- 純粉糖❷……20g

特に用意する道具
直径18cmの丸型、型用敷き紙、竹串、網、カード

オーブン
予熱180℃、焼成170℃で30分、アルミホイルをかぶせてさらに10分

準備
- バターとクリームチーズを室温でやわらかくする。
- 卵を室温に戻し、溶きほぐす。
- 型に敷き紙を敷き込む。
- にんじんを粗くすりおろして水気を軽く切っておく。
- くるみを粗く刻む。
- Aを合わせてふるう。

食べごろと保存
味がなじむ翌日がおいしい。
食べるタイミングに合わせて、クリームは翌日に作ってもよい。
密閉容器に入れて、冷蔵庫で3日間保存可能。
食べるときに常温に戻す。

生地を作る

1
ボウルにサラダ油と三温糖を入れて、ハンドミキサーで混ぜ、溶き卵を少しずつ加えてなめらかになるまで混ぜる。

2
Aを加え、木べらでさっくり混ぜる。

3
にんじんとオレンジ果汁を加えて混ぜ、さらにくるみも加えて、なめらかになるまで混ぜる。

焼く

4
型に流し入れる。予熱したオーブンに入れ、温度を170℃に下げて30分焼き、アルミホイルを表面にかぶせてさらに10分焼く。中心に竹串をさして生地がついてこなければ焼き上がり。型のまま網にのせて冷ます。粗熱が取れたら型からはずし、さらに網の上で冷ます。

にんじん細工を作る

5
マジパンに黄と赤(あればオレンジ色)の食用色素でにんじん色にする。液体色素の場合は、竹串につけて様子を見ながら生地に加える。粉末の色粉の場合は、耳かき1杯ほどを加え、様子を見ながら追加していく。すぐに色がつくので注意する。

6
マジパンをカードで12等分(ひとつ約5g)にし、純粉糖❶で打ち粉をしながら転がして、にんじん形に整える。

7
頭の部分に、竹串の背で穴を開けて、セルフイユなどの葉をさし込む。左ページの写真では白菜の葉を刻んで使用。

8
にんじんの側面にカードで軽く線をつけて、にんじんらしい表情を作る。

チーズクリーム・フロスティングを作る

9
ボウルにバターとクリームチーズを入れ、ハンドミキサーでクリーム状にする。

10
純粉糖❷を加え、なめらかになるまで木べらで混ぜる。

組み立てる

11
焼き上がったケーキをケーキナイフで2枚にスライスし、**10**のクリームを塗ってサンドする。ケーキの上面にも塗る。

12
にんじん細工をケーキの上にバランスよく飾る。

伝統のクリスマスケーキ
Traditional Christmas Cake

山盛りのドライフルーツがぎっしり入ったとても贅沢な焼き菓子。
ボウルに材料を次々入れて混ぜていき、低温でじっくり焼き上げます。
オリジナルレシピではブラックトリークルを使いますが、日本では黒蜜で代用します。
イギリスでは、クリスマスの4週間前に焼いて、週に1度ラム酒を打って涼しいところで熟成させます。
ラム酒をふるのはお父さんの役目だったそうです。

材料（直径18cmの丸型 1台分）

- バター（食塩不使用）……130g
- 三温糖……130g
- 卵（M玉）……3個
- オレンジの皮のすりおろし（p.124参照）……1個分
- レモンの皮のすりおろし（p.124参照）……1個分
- A
  - 薄力粉……130g
  - ミックススパイス（p.7参照）……小さじ1
- アーモンドダイス……40g
- 黒蜜……10g
  - （あればブラックトリークル。モラセスでも代用可）
- ドライフルーツミックス……450g
  - （レーズン、サルタナ、カランツ、アプリコット、チェリーなど）
- ラム酒❶……大さじ4
- ラム酒❷（仕上げ用）……大さじ4（大さじ2を2回）
- デコレーション
  - マジパン……200g
  - アプリコットジャム……適量
  - 純粉糖（打ち粉用）……適宜
- アイシング
  - 純粉糖……250g
  - レモン汁……小さじ1
  - 卵白……1個分
- アラザン（飾り用。省く可）……適宜
- ひいらぎ（飾り用。省く可）……適宜

特に用意する道具
直径18cmの丸型、おろし金、型用敷き紙、クッキングシート、たこ糸、竹串、網、刷毛、麺棒

オーブン
予熱170℃、焼成160℃で60分、さらにアルミホイルで表面をカバーして150℃で60分

準備
- バターを室温でやわらかくする。
- 卵、卵白を室温に戻し、それぞれボウルに入れて溶きほぐす。
- ドライフルーツミックスにラム酒❶をふる。
- 型の底と側面に敷き紙を敷き込む。さらに、型の外側側面にも2枚の敷き紙を重ねてぐるりと巻いて、たこ糸で縛っておく。こうすると火の当たりがやわらかくなる。 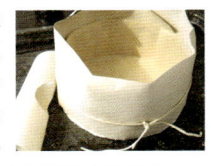
- クッキングシートを直径約18cmで、中央に3cm大の穴を開けたドーナツ形に切る。
- おろし金でオレンジとレモンの皮をそれぞれすりおろす。
- Aを合わせてふるう。

食べごろと保存
冷暗所で保存して、味がなじむ3日目以降がおいしい。
密閉容器に入れて、冷暗所で2週間保存可能。

作り方

1. ボウルにバターを入れ、ハンドミキサーでクリーム状にする。
2. 三温糖を加え、ハンドミキサーで空気を含ませるようにすり混ぜる。
3. 卵を少しずつ加え、オレンジとレモンの皮のすりおろしを加えて、ハンドミキサーの低速でやさしく混ぜる。
4. Aの粉類を2回に分けて加え、木べらで底から返すようにしてさっくり混ぜ合わせる。
5. アーモンドダイス、黒蜜、ドライフルーツミックスを順に加えて混ぜ合わせる。
6. 型に生地を流し入れ（写真a）、ドーナツ形に切ったクッキングシートを生地にぴったりかぶせる（写真b）。
7. 予熱したオーブンに入れ、温度を160℃に下げて60分焼く。さらに表面にアルミホイルをかぶせて、150℃で60分じっくり焼く。
8. 竹串をさして何もついてこなければ焼き上がり。型ごと網にのせて冷ます。粗熱が取れたら、ケーキの上面に竹串で数か所穴を開け、刷毛でラム酒❷を打つ（写真c）。さらに1時間ほどおいて、同様に2回目のラム酒を打つ（イギリスでは冷暗所に置いて、週に1度ラム酒を打って密閉し、4週間熟成させてから仕上げをして食べる）。
9. 仕上げをする。純粉糖を打ち粉にしながら、マジパンを麺棒で5mmの厚さにのばし、18cmの丸型で抜く。
10. ケーキについた紙をはがし、上面にアプリコットジャムを刷毛で薄く塗る。その上にマジパンを重ねる。
11. アイシング用の純粉糖をボウルに入れ、レモン汁と卵白を加えて練る。マジパンの上にのせ、スプーンの背を使ってつのを立てる。お好みでアラザンやひいらぎを飾る。

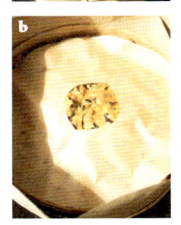

「クリスマスの真珠」宿り木のお話

イギリスだより 🇬🇧

イギリスのクリスマスの風景には、ひいらぎとクリスマスケーキと、もうひとつ「ミストルート（宿り木）」が欠かせません。真珠のように美しくきらきら光る透明の実に、やさしい形の葉。このミストルートの枝を数本束ねて玄関に飾るのがイギリスのクリスマスの習わしです。その下に立っている人にはキスをしてもよいという、ロマンチックな言い伝えもあります。

メル・トーメ＆ロバート・ウェルズ（Mel Torme & Robert Wells）の「ザ・クリスマスソング（The Christmas Song）」の歌詞にも「七面鳥とミストルートがあれば～（a turkey and some mistletoe）」とあるように、店先や、近所の玄関先でこの姿を見かけると今年もクリスマスが近いなと感じます。

宿り木という名前のとおり「木に宿る」のですが、その姿を教えてもらうまで気がつきませんでした。教えてくれたのは、ある教会で出会ったガーデナーさんです。日本の寺院神社と同じく、イギリスでも教会には一段と大きな木が生えています。「あなたに面白いものを見せてあげよう。あれ！ 何かわかるかな？」とガーデナーさんが指さすのは大きな木の枝でした。鳥の巣かな？ と思ったのですが、何か違います。そう、これこそが自然のミストルートの姿でした。「大木にファンガスがついてミストルートになるんだよ。どこかからやって来る。あれもこれもそう。でも不思議と、ファンガスは大木につくから、ミストルートのせいで宿主の木が枯れたり弱ったりはしないのさ。」と教えてくれました。ファンガスとは菌類のこと。これが鳥などを媒介にして宿主である大木に付着すると、そこに菌根を張り寄生するのです。そして、大木の枝木にミストルートが宿るわけです。

たくさんのミストルートを目の前にすると、そのパールのような美しさに思わずみとれてしまいます。クリスマスのシーズンには、町のマーケットやスーパー、ガーデンセンターや花屋でひと束1～3ポンドほどで入手できます。クリスマスリースにしたり、小さなブーケにしたり。私もお向かいの奥さまや娘の学校のお母さま友だちから、ひと枝のミストルートをもらったことがあります。日ごろの感謝の気持ちを表すギフトにもなるのですね。私はクリスマスケーキの横にそっとミストルートを飾ったりして、イギリスのクリスマスを楽しむのがお気に入りです。

右／クリスマスシーズンには、街角のあちこちに並びます。
下／透きとおるような白い実は美しく、まるで真珠のよう。

上／大木の枝木にファンガスが寄生している様子。木によっては、枝が埋まるくらいのミストルートができますが、宿主の木が枯れることはありません。
右／クリスマスケーキの脇にミストルートを飾れば、クリスマスの雰囲気が盛り上がります。

Part3
タルトとパイ

Traditional pies and pastries continue to form part of the British diet. Many remain unchanged over centuries but variations continue to evolve both within the UK and internationally.

伝統的なパイとタルトは今もイギリスの食事のひとつです。
何世紀も変わらないものもあれば、
イギリスのみならず世界じゅうにバリエーションが広がるものもあり、
進化を続けるお菓子なのです。

タルトとパイ
Tarts & Pies

一般的にイギリスでは、タルトとパイと呼ばれるお菓子は、
ふたつの代表的な生地から作られます。ひとつは、むかしからお菓子作りに使われていた
「ショートクラスト生地」という、いわゆるタルト生地。
甘みがないので、どんなお菓子にも合う万能生地です。これに果物や
ゴールデンシロップなどのフィリングを入れて焼くのが、イギリス家庭菓子の定番でした。
一方、近年、軽い食感が見直され、人気を呼んでいるのが、
「パフ生地」と呼ばれるパイ生地で、
生地が層状で口当たりがソフトなので、若い人を中心に支持を得ています。
イギリス伝統の「パイ」は、かつては料理の調理容器として使われ、
中の肉だけが食べられていました。それが次第に、皮まで食べる
キドニーパイやミートパイなどのイギリス料理として広まりました。
もちろんアップルパイなどの菓子パイもありましたが、伝統的なイギリスのパイは、
デザートとしてではなく、料理として発達しました。
そんなイギリスのタルトとパイの境目はとても曖昧です。
パイと名前がついていても、ショートクラスト生地を使ったタルトのような
食感のお菓子がたくさんあります。お菓子と料理、そしてタルトとパイ、
線引きがおおらかなのは、いかにもイギリスらしいところです。

家族で切り分けていただく大きなパイも根強い人気がありますが、近年は小さなサイズも好まれます。クリームの絞り方や仕上げ方など、さまざまなアレンジが可能なのも、ミニサイズの魅力のひとつです。

バノフィーパイ
Banoffi Pie

生まれは、イーストボーンのポールゲートという、イギリスの南海岸に近い村。その村にある「ハングリーモンク」というレストランで1972年に作られたのが最初です。コンデンスミルクをじっくり加熱し、キャラメル色になった甘いトフィーを使うのが特徴。バナナとトフィーのパイ、ということから、バノフィーパイという名前がつけられました。比較的新しいお菓子ですが、イギリス全土で愛され、いまやロシアやアメリカにも広がり、世界に知られる人気のお菓子となりました。

バノフィーパイ
Banoffi Pie

材料（直径7.5cmのタルトレット 6個分）
ショートクラスト生地
　（仕上がり量260g、全量使用）
| 薄力粉……150g
| 塩……ひとつまみ（指3本で）
| バター（食塩不使用）……75g
| 冷水……大さじ3
強力粉（打ち粉用）……適宜
フィリング
| コンデンスミルク（缶入り）
|　　……約60〜100g（好みの量）
| バナナ……2本
| 生クリーム（乳脂肪分45%以上）
|　　……200ml
| グラニュー糖……15g
| キルシュ（さくらんぼの蒸留酒）
|　　……小さじ1
チョコレート（飾り用）……適量

特に用意する道具
上部直径7.5cm×高さ1.5cmの
タルトレット型6個、耐熱皿または布巾、
カード、抜き型（直径11cmの丸形）、
麺棒、クッキングシート、重石、網、
絞り袋、丸口金（口径12mm）

オーブン
予熱170℃、から焼きは160℃で重石
をのせて10分、重石を取って5分

準備
● バターをサイコロ状に切って
　冷蔵庫で冷やす。
● チョコレートを削る。

食べごろと保存
できたてがおいしい。
ラップをして冷蔵庫で翌日まで
保存可能。トフィーは熱いうちに
煮沸した保存びんに入れれば、
冷蔵庫で約1か月間保存可能。

●タルト型で作るなら

材料（直径18cmのタルト型
　1台分）
ショートクラスト生地
　　……260g
コンデンスミルク（缶入り）
　　……1缶（約400g）
バナナ……3本
生クリーム……300ml
グラニュー糖……25g
キルシュ……小さじ1と1/2
チョコレート（飾り用）……適量

作り方
基本的な手順は右と同じ。から焼きは160℃のオーブンで15分、重石とシートを取って5分焼く。中にトフィーを塗り広げ、バナナを敷き、さらにトフィーを少量のせ、生クリームをスプーンでたっぷり盛り、チョコレートを飾る。

トフィーを作る

1
鍋の中に耐熱皿か布巾を敷き、コンデンスミルクの缶を入れ、沸騰湯をかぶるまで注ぎ、150分火にかける。中火で湯がぐらぐらした状態を保つ。途中、缶の向きを変え、から焚きにならないよう足し湯を忘れずに。その後、缶ごと水に浸して冷ます。コンデンスミルクがキャラメル色のトフィーになる(p.123の「生クリームで作るトフィー」でもよい)。

ショートクラスト生地を作る●

2
薄力粉と塩を合わせて、ボウルにふるい入れる。

3
バターを**2**のボウルに加え、カードでバターを細かく刻む。その後、指先を使って手の熱を加えないように混ぜてそぼろ状にする。

4
冷水を少しずつ加えてカードで混ぜ、最後は手でひとまとめにする。生地をラップに包んで冷蔵庫で30分休ませる。

焼く

5
台に打ち粉をして生地をのせ、麺棒で3mmの厚さにのばす。抜き型で丸く6枚抜く。

6
タルトレット型に**5**を敷き込む。指に打ち粉をまぶし、軽く押さえて底角にきっちり入れると角がきれいに焼き上がる。型からはみ出た生地は包丁で切り落とす。

7
フォークで生地の底に数か所穴を開ける。

8
クッキングシートを敷いて、重石を入れる。予熱したオーブンに入れ、温度を160℃に下げて10分焼き、さらに重石とシートを取って5分焼く(から焼き)。網にのせて冷まし、粗熱が取れたら、型からはずし、さらに網の上で完全に冷ます。

組み立てる

9
8のタルトレット台に、**1**のトフィーをスプーンで流し入れる。量はお好みで調整を。

10
バナナを輪切りにしてのせる。お好みで、さらに残りのトフィーをかけてもよい。

11
生クリームにグラニュー糖とキルシュを加え、ハンドミキサーで8分立てにする(p.124参照)。絞り袋に口金をつけてクリームを詰め、上に絞る。

12
チョコレートをトッピングする。

レモンメレンゲパイ
Lemon Meringue Pie

たっぷりのレモンで作ったレモンカードを、から焼きしたショートクラスト生地に敷き詰め、とても甘いメレンゲをのせて焼き上げます。
イギリスでは、どさっとのせたメレンゲにスプーンの背を使ってつのを出して焼きますが、
最近は、フランス菓子のように美しく絞り出して焼いたものも見かけます。お菓子にも流行がありますが、
田舎のティールームで出されるのは今でも、むかしながらのつんつんつのレモンメレンゲパイです。

材料（直径18cmのタルト型 1台分）
ショートクラスト生地（→p.80、81の
　2～4参照）……260g
メレンゲ
　┌ 卵白……2個分
　└ グラニュー糖……90g
レモンカード（市販品でも自家製でもよい。
　レシピは下記参照）……200g

特に用意する道具
直径18cmのタルト型、麺棒、重石、
網、クッキングシート、盛りつけ耐熱皿

オーブン
予熱190℃、から焼き180℃で15分、
重石を取って5分
フィリングを詰めて、予熱210℃、
焼成200℃で15～20分

食べごろと保存
焼きたてがおいしい。
時間が経つとメレンゲから
水分が出やすいので、
食べる直前にメレンゲをのせて
焼くのがいちばん。
当日じゅうに食べきる。

作り方

1 ショートクラスト生地をラップではさみ、麺棒で3mmの厚さにのばす。タルト型に敷き、縁からはみ出た生地を包丁で切り落とす（p.85の**1**の写真参照）。

2 **1**にクッキングシートを敷いて重石を入れる。190℃に予熱したオーブンに入れ、温度を180℃に下げて15分焼き、重石とシートを取ってさらに5分、から焼きする。

3 焼き上がったら、型ごと網にのせて冷ます。粗熱が取れたら型からはずし、盛りつけ用の耐熱皿の上に置いておく。

4 メレンゲを作る。ボウルに卵白を入れ、ハンドミキサーでこしを切り、グラニュー糖を3回に分けて加え、泡立てる。つのがたったらでき上がり（p.124参照）。

5 レモンカードを**3**に流し入れる。その上にメレンゲをのせ、スプーンの背を軽く上下に動かしてつんつんの飾りを作る。

6 耐熱皿に置いたまま、210℃に予熱したオーブンに入れ、温度を200℃に下げて5分焼く。メレンゲにほんのり色がついたら焼き上がり。仕上げにレモンの皮（材料表外）を散らしてもよい。あつあつを食べる。

●手作りするなら

レモンカード　*Lemon Curd*

レモンメレンゲパイで使うほか、パンに塗って食べても、ヨーグルトに加えてもおいしいレモンカード。市販品もありますが、手作りしたできたての味は格別です。

材料（仕上がり量 約300g）
　┌ レモンの皮のすりおろし（p.124参照）
　│　……3個分
A│ レモン汁……3個分
　│　（約105mℓ＝1個約35mℓ×3個）
　│ グラニュー糖……110g
　└ バター❶（食塩不使用）……50g
卵（M玉）……3個
バター❷（食塩不使用。仕上げ用）……20g

特に用意する道具
温度計、目の粗いこし器、保存びん

準備
●バターを室温でやわらかくする。
●卵を室温に戻し、溶きほぐす。
●レモンカードの仕上がりに合わせて、保存びんを煮沸する。

保存
煮沸消毒した清潔な保存びんに入れ、密閉して冷蔵庫で4週間保存可能。

作り方

1 ボウルにAを入れ、60～70℃の湯で湯せんしながら木べらで混ぜてグラニュー糖を溶かす。

2 **1**をそのまま混ぜ続けているところに、溶いた卵を加え、さらに混ぜ続ける。レモンカードをすくって木べらの背にのせ、指で線を描いても消えないくらいとろみがつけばよい。

3 湯せんから下ろし、バター❷を加えて余熱で溶かし、目の粗いこし器でこす。

4 煮沸消毒した保存びんに熱いうちに流し入れる。

トリークルタルト
Treacle Tart

オーブンで焼いているうちから、ゴールデンシロップの甘い香りに包まれます。
古くなったパンを粉にして最後までおいしく食べる、先人の知恵から生まれたお菓子。
砂糖精製の副産物であるゴールデンシロップを使うことからも、
食物が豊富ではなかった時代だからこそ生まれたお菓子であることを物語っています。

材料（直径18cmのパイ皿 1台分）
ショートクラスト生地（→p.80、81の
　2〜4参照）……200g
フィリング
　┌─┬ ゴールデンシロップ（p.6参照）
　│ │　……240g
　│A┤ レモンの皮のすりおろし
　│ │　（p.124参照）……1個分
　│ └ レモン汁……大さじ1
　└ 生パン粉……25g

特に用意する道具
直径18cmのパイ皿、麺棒、
クッキングシート、重石、網

オーブン
予熱190℃、から焼き180℃で重石
をのせて7分、重石を取って5分
フィリングを詰めて、予熱190℃、
焼成180℃で20分

食べごろと保存
焼きたてがおいしい。
ラップをして常温で2日間保存可能。

memo
生地をのばし、型に敷き込む際、室温や
手の熱でバターが溶けないよう注意。や
わらかくなってきたら、生地を冷蔵庫に入
れて休ませてから再び作業を開始する。

台の準備

1
ショートクラスト生地をラップではさみ、麺棒
で3mmの厚さにのばし、パイ皿に敷く。最初、
生地に型を伏せてかぶせてから、ラップと
ともにひっくり返すと、敷き込みやすい。ラッ
プの上から指で生地を密着させ、ラップ
をはがし、縁からはみ出た生地を包丁で切
り落とす。生地にクッキングシートを敷き、少
なめの重石をのせる。

2
予熱したオーブンに入れ、温度を180℃に
下げて7分、重石とシートをそっと取ってさ
らに5分焼く。焼けたら、型ごと網にのせて
冷ます。

フィリングを作る

3
鍋にAを入れ、1〜2分中火にかけて混ぜ
る。なめらかに溶けたら火から下ろす。

4
ボウルに生パン粉を入れ、**3**のシロップを一
度に流し入れ、木べらで混ぜる。

5
4をパイ皿に静かに流す。フィリングの縁の
ラインを整えると焼き上がりが美しくなる。

焼く

6
予熱したオーブンに入れ、温度を180℃に
下げて20分焼く。表面が濃いきつね色に
なったら焼き上がり。網にのせて冷ます。
粗熱が取れたら型からはずす。

ベイクウェルスライス
Bakewell Slices

イギリス中部、ダービシャーにあるベイクウェルという町のお菓子。
ショートクラスト生地にジャムを塗って、アーモンド風味が効いた生地を流して焼きます。
このベイクウェルという町には、表面にアイシングとチェリーがのったタルト型のベイクウェルタルトや、
パフ生地を使ったベイクウェルプディングというお菓子もあり、
どちらもベイクウェルの地名がついた地方菓子です。

材料(15×15cmの角型 1台分)
ショートクラスト生地（➡p.80、81の
　2～4参照）……200g
ラズベリージャム……100g
フィリング
　｜バター(食塩不使用)……35g
　｜グラニュー糖……50g
　｜卵(M玉)……80g(溶いて計量)
　｜　｜アーモンドパウダー……90g
　｜A｜ベーキングパウダー
　｜　｜　……小さじ½
アーモンドスライス……20g
なかない粉糖(仕上げ用。省く可)
　……適量
強力粉(打ち粉用)……適宜

特に用意する道具
15×15cmの角型、
クッキングシート、麺棒、網

オーブン
予熱190℃、焼成180℃で25分

準備
●バターを室温でやわらかくする。
●卵を室温に戻し、溶きほぐす。
●Aを合わせてふるっておく。

食べごろと保存
焼きたてでも、
冷めてからでもおいしい。
密閉容器に入れて
常温で3日間保存可能。

成形する

1
台に打ち粉をしてショートクラスト生地をのせ、麺棒で3mmの厚さにのばし、角型に打ち粉をまぶして生地を抜く。型にクッキングシートを敷き込み、抜いた生地を型の底に静かに敷き込む。

2
ラズベリージャムを塗り広げる。

フィリングを作る

3
ボウルにバターを入れ、ハンドミキサーでクリーム状にする。グラニュー糖を3回に分けて加え、そのつどハンドミキサーですり混ぜる。

4
溶いた卵の⅓を加えてハンドミキサーで混ぜ、ふるったAをひとにぎり(大さじ2くらい)加えて混ぜる。さらに残りの卵を2回に分けて加え、そのつどハンドミキサーで混ぜる。

5
残りのAの粉類をすべて加え、木べらでしっかりつやがでるまで混ぜる。

6
型に流し入れて、木べらで表面を平らにならす。アーモンドスライスを表面に散らす。

焼く

7
予熱したオーブンに入れ、温度を180℃に下げて25分焼く。型ごと網にのせて冷ます。粗熱が取れたら、型からはずして、さらに網の上で冷ます。紙をはがし、仕上げになかない粉糖を茶こしでふってもよい。お好みの大きさにカットする。

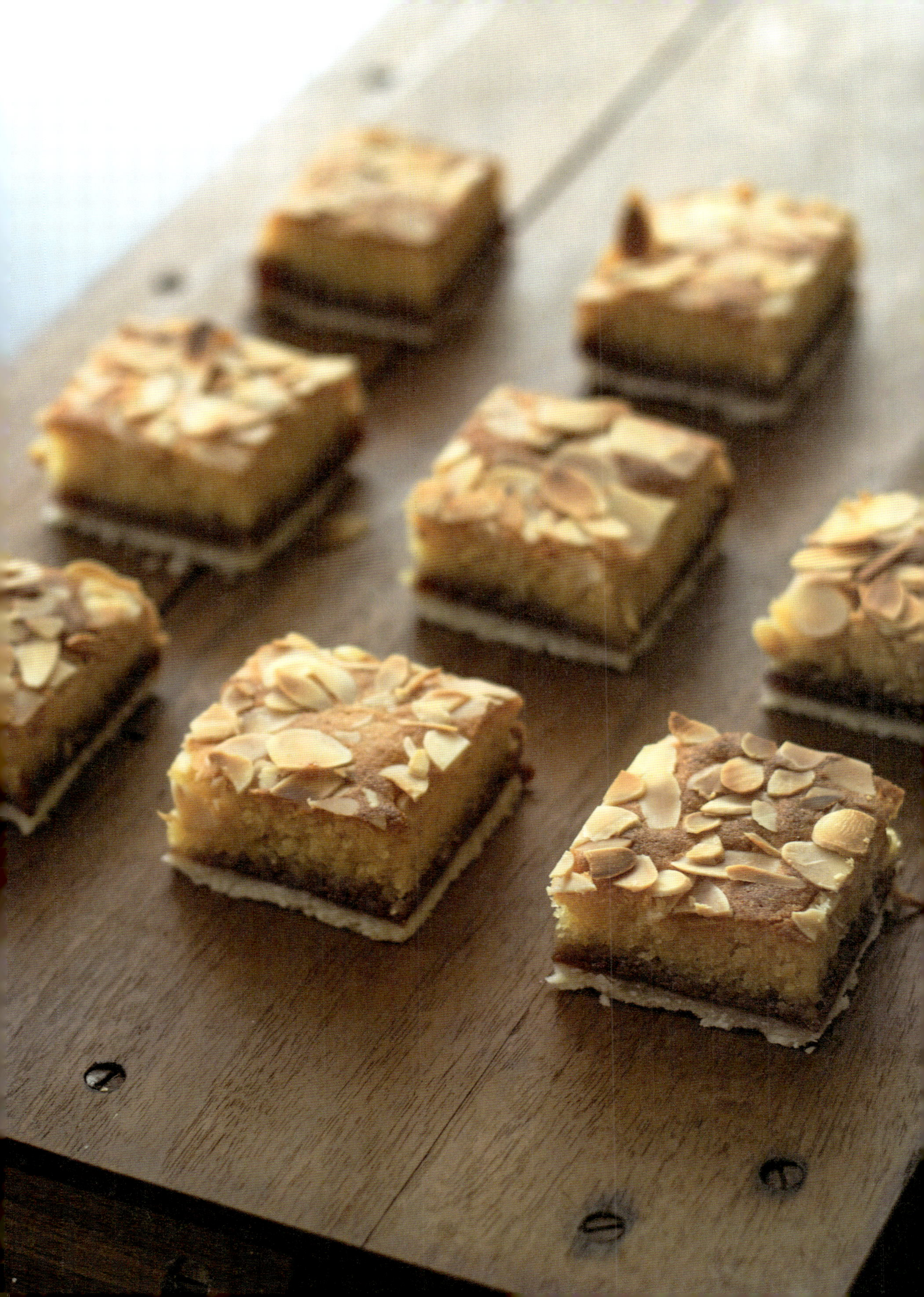

アップルパイ
Apple Pie

新鮮なりんごのソテーをたっぷり詰め込んで、
幾層にもなって焼き上がる、折りパイ生地で包みます。
この生地をイギリス菓子では
「パフ生地（パフペイストリー puff pastry）」と呼び、
さくさくした焼き上がりは、しっとりしたりんごによく合います。
イギリスの伝統のパイは、
ショートクラスト生地を使ったものが多いですが、
最近では軽い食感も好まれて、
パフ生地のお菓子が増えてきました。
生地の違いでかなり印象が変わるパイ。
冷凍パイ生地を使っても簡単に作れますが、
手作りのおいしさは格別です。

材料（直径18cmのパイ皿 1台分）
パフ生地
（仕上がり量600gのうち、400g使用）
バター❶（食塩不使用。折り込み用）
　……160g
A ｛ 薄力粉……150g
　　強力粉……100g
　　塩……ひとつまみ（指3本で）
バター❷（食塩不使用）……50g
冷水……130mℓ
りんごのフィリング
｛ りんご*……2と1/2個
　 B ｛ バター（食塩不使用）
　　　　……15g
　　　グラニュー糖……30g
　　　レモン汁……大さじ2
卵（M玉）……1個（接着、つや出し用）
強力粉（打ち粉用）……適宜

＊りんごは煮くずれしにくい
紅玉がおすすめ。

特に用意する道具
麺棒、カード、刷毛、網

オーブン
予熱210℃、
焼成200℃で20〜25分

準備
● バター❷をサイコロ状に切って
　冷蔵庫で冷やしておく。

食べごろと保存
焼きたてがおいしい。
ラップをして冷蔵庫に入れて
2日間保存可能。
食べるときは、オーブンで温める。

パフ生地を作る ⊕

折り込み用バターを成形する

1
折り込み用のバター❶を冷蔵庫で冷やす。その後、ラップに包み、麺棒でたたき、10×10cm、厚さ1cmにのばす。再び冷蔵庫で冷やしておく。

ベース生地を作る

2
Aを合わせてボウルにふるい入れる。冷えたバター❷を加え、カードでバターを切り混ぜる。その後、指先を使って手の熱を伝えないように混ぜ、そぼろ状にする。

3
冷水を加え、カードで混ぜ合わせる。次に手で折りたたみながらひとまとめにする。丸の状態でラップで包み、冷蔵庫で30分休ませる。

バターを包む

4
3の生地に包丁で十字に切り目を入れる。

5
切り目を入れたところから生地を四方にのばし、中心に**1**のバター❶を置く。

6
バターを生地で四方からぴったり包む。バターがはみ出ないよう、生地の両端を小さく折り込んでからかぶせる。

7
写真の状態でラップをし、冷蔵庫で30分休ませる。

三つ折りにする（1回目）

8
7を麺棒で長さ30cm、厚さ1cmの帯状にのばす。このとき一気にのばさず、麺棒を押しつけるようにして均等に平らにしていく。

9
三つ折りにしてラップをし、冷蔵庫で30分休ませる。

三つ折りにする（2,3,4回目）

10
生地を90℃回転させ、再度、麺棒で長さ30cm、厚さ1cmの帯状にのばす。手前と向こう側から三つ折りにし、冷蔵庫で30分休ませる。その後、同様の三つ折り作業をさらに2回（計4回）行う。最後は冷蔵庫で30分休ませる。

組み立てて、焼く

りんごの甘煮を作る

11
りんごを5mmの厚さのいちょう切りにして鍋に入れ、Bを加え、中火に5分ほどかけ、完全に冷ましておく。

パイ皿に敷く

12
休ませたパフ生地から250gを切り取って使う（残り生地についてはmemo参照）。それを半分にカットし、ひとつを打ち粉をしながら麺棒で3mmの厚さにのばす。麺棒に巻きつけて取り上げ、パイ皿に敷く。

13
11のりんごを詰める。皿の縁の部分の生地に、溶いた卵を刷毛で塗る。

14
残りの半分の生地も3mmの厚さにのばして13にかぶせ、縁を軽く押さえる。

15
包丁を皿の縁に沿わせて生地を切り落とす。切り落とした生地は飾りに使う。

16
縁をフォークの背で押さえて密着させ、模様をつける。フォークの先で生地に穴を開けないように注意。

17
包丁の先に打ち粉をまぶし、中央に1cmほどの切り込み（空気穴）を3、4つ入れる。

18
15で余った生地で、葉っぱなど好きな形の飾りを作り、溶いた卵を塗り、表面に接着する。生地の表面全体にも刷毛で卵を薄く塗る。

焼く

19
予熱したオーブンに入れ、温度を200℃に下げて20～25分焼く。縁が焼けて層になり、表面がきつね色になったら焼き上がり。網にそっとのせて冷ます。

memo
残ったパフ生地は、ラップに包んで空気をしっかり抜き、ファスナーつきの保存袋に入れて保存する。冷蔵庫で2日間、冷凍庫で4週間保存可能。冷凍した場合、次回使用するときは、冷蔵庫で解凍してから使う。

りんごの国イギリスの「アップルデー」

イギリスだより

年に一度、10月にイギリス各地で開催されるアップルデーのイベント。りんごファームに並ぶ種類の多さと、この日にかける人々の熱気は「りんごの国イギリス」を物語っています。

イギリスでは、りんごの木を庭にもつ家庭が多く、いちばん身近な果物として愛されています。季節になると、各家の庭にはあふれんばかりにりんごが実って、歩道にぼろぼろとこぼれ落ちているのをよく見かけます。たわわに実るりんごの木を庭にもつ家は、「成熟したよい家」とされ、資産価値が上がるほど。りんごを愛するこの国らしいところです。

そんなイギリスで、毎年楽しみにされているのが10月21日の「アップルデー」。イギリス全土各地でりんごの収穫祭が行われる日です。りんごの木をたくさんもつナショナルトラストや、りんご農園などが敷地を開放し、りんごの木の下で採れたてのりんごを販売します。イギリスのりんごの主流はクッキングアップル。小ぶりで改良されていないむかしながらの姿で、そのまま食べるには酸味が強いけれど、火を通すとおいしくなるものです。農園では、10種類以上の種類豊富なりんごが並び、その姿、味、最適な食べ方などを知ることができます。お気に入りを見つけたら、量り売りで買って帰ります。

この日は特別に、古い人力りんごプレス機も登場します。収穫したりんごを粉砕機に入れて粗く砕き、人力のプレス機にかけると、100%りんご果汁がゆっくり流れ出してきて、そのおいしいこと!

毎年同じ農園のアップルジュースを買っても、味が微妙に違うのが楽しいところ。その年の天候や雨量によって、りんごの味や収穫量が変わってくるので、イギリスの人々は毎年このアップルデーを心待ちにしているのです。この季節にイギリスを訪れたら、ぜひ参加してみてほしいイベントです。

りんごはクリスマス用のギフトとしても重宝されています。お気に入りのとびきりおいしいりんごを選んで大切な人に贈ります。

りんごの種類別に作られたアップルジュース。色、酸味、のどごしがみな違うので、試飲していちばんおいしいものを選びます。

上／数種類食べくらべて今年のお気に入りを見つけます。クリスマス用のギフトもここで注文。右／アップルデーで見つけた、私のお気に入りのりんご。お菓子にしていただきます。

パフミンスパイ
Puff Mince Pies

イギリスのクリスマス菓子。
クリスマスから始まり十二夜にわたって毎日ひとつずつ食べると、新しい年に幸運が訪れると
いわれています。伝統的なレシピは、ショートクラスト生地を使いますが、
近年、パフ生地を使った軽い食感のミンスパイも人気です。

材料（直径6cm 4個分）
パフ生地（→p.88、89参照。冷凍パイシートでも可）
　……200g
ミンスミート*……小さじ4
水……少量
グラニュー糖（仕上げ用）……適量
強力粉（打ち粉用）……適宜

*ミンスミートは、市販のびん詰めでも、クイックミンスミート（下記参照）でもよい。

特に用意する道具
抜き型（直径6cmの円形か菊形）、麺棒、刷毛、クッキングシート、網

オーブン
予熱210℃、焼成200℃で15分

準備
● 天板にクッキングシートを敷く。

食べごろと保存
焼きたてがおいしい。
冷めたらふんわりラップをして
常温で3日間保存可能。

作り方
1　打ち粉をしながら、パフ生地を麺棒で3～4mmの厚さにのばす。
2　抜き型で生地を計8枚（底とふた用各4枚）抜く。
3　生地4枚を天板に並べる。それぞれにミンスミートを小さじ1ずつのせ、縁に刷毛で接着のための水を塗る（写真a）。残り4枚の生地をかぶせ、縁を軽く押さえる。
4　包丁の先に打ち粉をつけて生地の表面にさし、空気穴を2つ開ける（写真b）。上からグラニュー糖をふる。
5　予熱したオーブンに入れ、温度を200℃に下げて15分焼く。層が立ち上がり、表面がからっときつね色になったら焼き上がり。ひとつずつ網に移して冷ます。

a/ミンスミートを多く入れすぎると、焼いたときにあふれてしまうので注意。写真ぐらいが適量です。b/生地をぴったりとかぶせたら、空気穴を開けるのを忘れずに。

●手作りするなら

クイックミンスミート
Quick Mince Meat

イギリスでは、びん詰めのミンスミートが売られており、よく使いますが、手作りもワンボウルでできる簡単さです。

材料（仕上がり量 約350g）
A ┃ レーズン……100g
　┃ カランツ……50g
　┃ オレンジピール……50g
　┃ ラム酒❶……大さじ2
　┃ バター（食塩不使用）……50g
　┃ りんご……100g
　┃ レモン汁……大さじ1
　┃ オレンジ果汁……大さじ1
　┃ 水……大さじ2
ラム酒❷……大さじ1

準備
● りんごをみじん切りにする。

保存
煮沸消毒をした清潔なびんに入れて、冷蔵庫で1か月間保存可能。

作り方
1　フライパンにAを入れ、木べらで混ぜながら、10分中火にかける。全体がなじんでしっとりすればよい。
2　粗熱が取れたら、お好みでラム酒❷を加え混ぜる。

びん詰めのミンスミート。かつてはその名のとおりお肉が入っていましたが、その後、お肉は牛脂になり、今では、牛脂の代わりに植物性油脂を使ったベジタリアン用のものなど、ヘルシー志向のミンスミートが登場しています。

メイズオブオナー
Maids of Honour

ヘンリー8世が愛した、約500年の歴史をもつ宮廷菓子。
作ったメイドをハンプトンコート宮殿内に幽閉して留め、レシピを封印し、
生涯、彼と王族のために作り続けさせたという逸話のある、おいしいお菓子です。
当時のレシピは、ロンドンの「メイズオブオナー」というティールームに伝わり、今も伝統の味が楽しめます。
ここでは、日本の材料でおいしく作れる配合をご紹介します。

材料（直径6cm 10個分）

パフ生地（→p.88、89参照。冷凍パイシートでも可）
　……300g
アプリコットジャム……20g
フィリング
A ┃ カッテージチーズ……110g
　┃ 卵（M玉）……1個
　┃ グラニュー糖……25g
　┃ レモンの皮のすりおろし（p.124参照）……1個分
　┃ アーモンドパウダー……13g
　┃ カランツ……20g
強力粉（打ち粉用）……適宜
サラダ油（マフィン型用）……少量

特に用意する道具
抜き型（直径8cmの菊形）、直径5cm×深さ2〜3cmの6個取りのマフィン焼き型2枚（同サイズのタルトレット型でもよい）、おろし金、麺棒、網

オーブン
予熱210℃、焼成200℃で20〜25分

準備
- 卵を室温に戻し、溶きほぐす。
- カッテージチーズは大きな粒があればつぶしておく。
- レモンの皮をおろし金ですりおろす。
- アーモンドパウダーをふるう。
- マフィン型にキッチンペーパーなどでサラダ油を薄く塗る。

食べごろと保存
焼きたてがおいしい。密閉容器に入れて冷蔵庫で翌日まで保存可能。

作り方

1. 打ち粉をしながら、パフ生地を麺棒で3mmの厚さにのばし、抜き型で10個抜く。
2. 1をマフィン型に敷き込む。型からはみ出してもよい。底に、ほんの少量ずつアプリコットジャムをスプーンで入れる。
3. フィリングを作る。ボウルにAをすべて入れ、なめらかになるまで木べらで混ぜ合わせる。
4. 2に3を少しずつ8分目まで入れる（写真a）。
5. 予熱したオーブンに入れ、温度を200℃に下げて20〜25分焼く。表面がきつね色になったら焼き上がり。型のまま網にのせて冷まし、粗熱が取れたら型からはずす（写真b）。

フィリングを入れすぎると、焼いたときにあふれて型抜きがきれいにできないので注意。

粗熱が取れると中央がしずむのがこのお菓子の特徴。

🇬🇧 イギリスだより

鉄の箱に入れられたレシピ

ヘンリー8世が愛してやまなかった「メイズオブオナー」。このお菓子がはじめて文献に登場するのは1585年のことです。そのおいしさの逸話には諸説あります。左で紹介したほかにも、一説では、ハンプトンコート宮殿のチューダーキッチンが起源であったともいわれています。ヘンリー8世がキッチンに元々あった鍵のかかった鉄の箱の中にレシピを見つけ、それを妻のアン・ブーリンがレシピどおりに作ったところ、ヘンリー8世はそのお菓子をいたく気に入りました。そのお返しに「メイズオブオナー（名誉ある女官）」と名づけたということです。どちらも、メイズオブオナーがいかにおいしいお菓子で、当時大切に扱われていたかがわかるお話です。

画／ヘンリー8世
King Henry Ⅷ, by Unknown artist, late 16th century
©National Portrait Gallery, London

訪れてみたい、イギリスの味のふるさと

イギリスだより

イギリスを訪れたらぜひ行ってみてほしい、そして味わってほしい、ふたつの場所をご紹介します。ひとつは、イギリスの古い時代の食事を当時の製法をもとに再現した様子が見学できるハンプトンコート宮殿内のチューダーキッチン。そしてもうひとつは、風光明媚な湖水地方と、その界隈で楽しめるおいしい地方菓子の紹介です。

ヘンリー8世自慢の「チューダーキッチン」

16世紀へタイムスリップ

ヘンリー8世のお気に入りの宮殿のひとつが、ロンドンにほど近いハンプトンコート宮殿です。その中にあるチューダーキッチンは、美食家で知られるヘンリー8世が毎夜のように開催する晩餐会のために宮殿内に作った当時最大規模の厨房で、大人数のディナーも用意できる大きなものでした。今でも当時の様子そのままに再現されており、月に一度、役者さんたちがその時代の衣装を身にまとって、実際にキッチンで16世紀の宮殿の料理であった「チューダー料理」を調理しているのを見学できます。

チューダーキッチンで再現される食事の調味料は、塩やハーブ、スパイスのみ。歴史家が研究し、史実にもとづいた配合や製法で作られているそうです。この時代、まだ油で揚げる料理はなく、「焼く」「蒸す」が主流でした。美食家ヘンリー8世は、地方からも珍しい食材を集め、専用の保存部屋も作っています。1000名を超すゲストの食事を作れるチューダーキッチン。巨大な暖炉には、人力で回して一度に大量のローストができる工夫がなされ、お菓子とパン専用の炉もあります。

当時の食堂でイギリス料理を

ハンプトンコートでは、当時の雰囲気を残したままの食堂で、イギリス料理を楽しむことができます。食堂の照明は暗く、テーブルには当時貴重だった塩とペッパーは置いていません。スープは味が薄く、パンはドイツパンより堅い食感です。パイのように焼き上げた料理は、エールビールで煮込んだ牛肉をパイに詰めた現在のエールパイ。当時は、このパイの中の肉だけを食べていたそうです。パイ皮は調理に使われる調理道具のひとつだったのですね。このパイ料理には、かなりのお酒が入っていました。お肉の味をよくする調味料として、お酒が使われていたのです。まだ砂糖が貴重な時代でしたが、それでもお菓子はありました。かぼちゃの種や松の実を焼き込んだお菓子、ジンジャークッキー、オーツの焼き菓子など。堅めで、今のお菓子のように甘くはありません。

イギリスの食の歴史を体験し、その後にイギリス料理を食べればさらに興味深く楽しめます。イギリスにいらした際は、ハンプトンコート宮殿といっしょに、ぜひチューダーキッチンで働く当時の人々の姿を見学してみてください。
（イベント日程はホームページで確認を）

Historic Royal Palaces
http://www.hrp.org.uk/Default.aspx（英語サイト）

厨房内の料理人は当時の衣装を身にまとい、スパイスも当時のままのものを使います。

宮殿内のスタッフはみな16世紀の衣装を着ていて、ヘンリー8世や、その妻アン・ブーリンに扮した人物にも出会えます。観光客もみなマントを着て、まるでタイムスリップしたかのような世界を楽しむことができます。

ハンプトンコートの食堂で食べられるイギリス料理。下は、中身の肉だけでなく皮も食べられるエールパイ。皮に大きなフリルがある古い包み方。その下の写真は、右からスープと全粒粉のパン、松の実とかぼちゃの種の焼き菓子。

湖水地方、お菓子好きの楽しみ方

イギリスでいちばん美しい場所

イングランド北西部にある湖水地方は、氷河時代の面影を色濃く残す渓谷の間に、大小無数の湖が点在する、イギリスでもっとも美しい景観をもつ地域といわれています。石垣が積まれた広い緑の牧草地に、放牧された羊が悠々と歩く様子は、湖水地方の代表的な風景のひとつです。また、ローマ時代から栄えた歴史ある街チェスターや、国立公園をもつヨークシャー州など、むかしのままの景観が保護されており、詩人ウィリアム・ワーズワースや、『ピーターラビット』の作者ビアトリクス・ポターが愛した土地としても知られています。

これを食べずして帰れない

湖水地方を訪れたらぜひ食べてほしいのが、「ケンダルミントケーキ」。グルコース（ぶどう糖）をもとにしたお菓子で、ケーキと名はついていますが、ミント味の強い砂糖の結晶のような見た目です。登山口の町ケンダルの小さな工場で、クリアーな氷河のようなミントを作ろうとしたところ失敗し、偶然にこのお菓子が生まれました。スティック状で携帯しやすく、高カロリーであるため、イギリス出身の登山家、冒険家たちの間で評判になりました。1953年、人類ではじめてエベレスト登頂に成功した登山家エドモンド・ヒラリー（ニュージーランド出身。英国の騎士Knightを叙される）も、このケンダルミントケーキを持参したそうです。

もうひとつおすすめなのが、「スティッキートフィープディング」。デーツ（なつめやし）をたっぷり使った地方菓子で、デーツの姿がなくなるほどじっくり煮て、黒糖の入った生地を蒸し上げたプディングです。甘くてふんわりふっくらした食感の風味豊かなお菓子です。黒糖で作るトフィーソースは、その色も味も濃厚。プディングに洪水のようにかけて、あつあつをいただきます。脇には必ずクロテッドクリームか生クリーム、最近ではバニラアイスが添えられます。

このほかにも紹介しきれないお菓子がたくさんある湖水地方。目だけでなく舌でも旅を楽しめる、お菓子好きにはたまらない土地なのです。

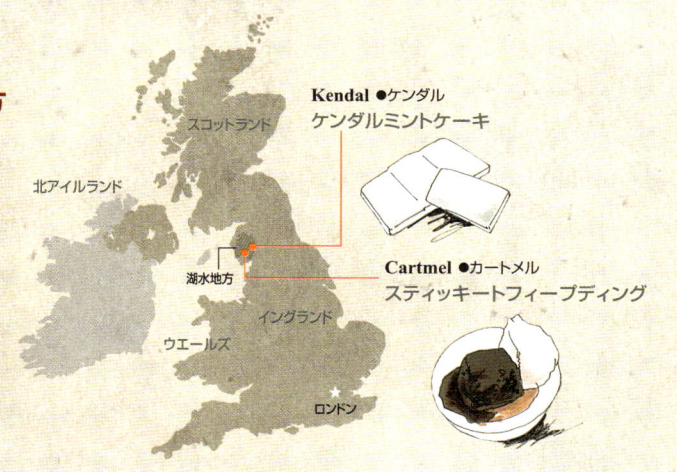

湖水地方の代名詞ともいえる、石垣のある牧草地。ゆったりと草を食むこの羊たちは羊毛用。

左は、ケンダルミントケーキ、下は、スティッキートフィープディング。どちらも土産店で買え、地元のティールームなどで食べられます。

イギリスの母の味、**マーマレード**

イギリスだより

むかしからイギリスでは、マーマレード作りは主婦の重要な仕事のひとつとされ、おのおのの家庭に母の味がありました。マーマレードは作り手の工夫と経験が味に出ます。わが家の愛すべきマーマレードの味は、母の象徴そのもの。イギリス人にとって、なにより大切なものに違いありません。

アクシデントから生まれたマーマレード

イギリスのマーマレードの起源は18世紀にさかのぼります。発祥の地はスコットランド。オレンジを積んだスペインのセビリアからの運搬船がスコットランドのダンディーの港に停泊していましたが、嵐のために出航ができないまま、どんどん積み荷のオレンジは古くなっていきました。そこで、スコットランド人のキーラー氏が二束三文で買いつけましたが、それは当時、薬などに用いる生食できないセビリア地方特産のセビルオレンジでした。そこで妻のジャネットがこれに砂糖を加えて煮てみたら、おいしいジャムができました。これがマーマレードの始まりとされています。ジャネット・キーラー夫人のジャムは、今も「キーラーマーマレード」として市販され、広くイギリスじゅうで愛されています。スコットランド人が作ったマーマレードが、広くイギリスのブレックファストに欠かせない味となったのです。

イギリスの1月はマーマレードの季節

セビルオレンジは、1月中旬から3週間ほど店頭に並びます。酸味と苦みが強く、生食はできませんが、マーマレードにすると絶品になるオレンジです。このオレンジは旬が短く、大人気ですぐに売り切れてしまうため、購入するのは至難の業。そこで毎年作るイギリス人はあらかじめ青果店に頼んで、入荷したら声をかけてもらっているのです。

セビルオレンジは皮を使うので基本的にはノーワックスですが、オーガニックのものだとより安心。小ぶりで実がしまり、重たいものを選びます。防腐剤などを使っていないので、4日も家に置いておいたら傷み始めてしまいました。でも、こうじゃなくちゃね!と思います。

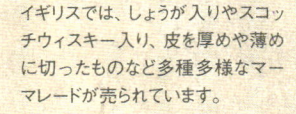

イギリスでは、しょうが入りやスコッチウィスキー入り、皮を厚めや薄めに切ったものなど多種多様なマーマレードが売られています。

1月になると、マーマレードを作るためのセビルオレンジが所狭しと店に並び、飛ぶように売れていきます。

王室御用達の百貨店、フォートナム・アンド・メイソンにずらりと並ぶジャムの陳列棚。なかでもマーマレードは圧倒的に種類が多く充実しています。

マーマレードの最高峰

イギリスでは、国内外から選りすぐりのマーマレードが一堂に会する「国際オリジナルマーマレード賞（The World's Original Marmalade Awards）」というコンテストがあります。ゴールドメダルに輝くと、老舗百貨店フォートナム・アンド・メイソンで商品化されるという栄誉を受けられます。当日は大勢の観客が詰めかけ、光の差し込む部屋で真っ白なクロスを敷いたテーブルにマーマレードが並べられます。日を浴びてきらきらと輝き、その透明感やピールの状態がよく見えるのです。数名の審査員によりひとつずつ丁寧にジャッジされ、味、色、香り、びんの状態など、それぞれ点数がつけられ合計点で競います。

私も2012年、「女王のためのマーマレード」と「柑橘類の種類限定なしマーマレード」の2部門でシルバーメダルを受賞しました。これをアレンジし、日本の甘夏みかんでおいしく作れるマーマレードのレシピを次ページで紹介しています。ぜひ作ってみてください。

詰めおわったマーマレードは、光に透かすと、作るたびに違う表情を見せてくれます。手前の陶器はアンティークのマーマレード入れ。

「女王のためのマーマレード」部門と「柑橘類の種類限定なしマーマレード」部門のダブルでシルバーメダルを受賞したときの賞状。チャールズ皇太子も訪れるほどイギリスではメジャーなコンテストです。

日本の食材で作るなら●

2012年「女王のためのマーマレード」部門、
シルバーメダル受賞レシピをアレンジ

甘夏みかんのマーマレード
Amanatsu Marmalade

イギリスでは、強い酸味と苦みをもつ
セビルオレンジで作るマーマレード。
日本では、甘夏みかんを使うのがおすすめです。
日本やアメリカでは、甘いマーマレードが好まれるため、
皮をゆでこぼしをしてから煮ます。しかし、イギリスでは、
マーマレードは「苦みこそうまみ」とされて、
ゆでこぼすことなく、水も変えずに煮上げます。
ここではイギリス風に苦みを効かせつつ
甘さひかえめで作ります。

材料（容量300mlの保存びん 2個分）
甘夏みかん*（皮、実も含む）……500g（約2個）
水……1.3ℓ
グラニュー糖……400g
はちみつ……10g
粗塩（下準備用）……適宜

*甘夏みかんはノーワックスのものを使う。
手に入らなければ、粗塩を手に取り、表面を
こすってワックスを落とし、水でしっかり洗って使う。

特に用意する道具 容量300mlの保存びん2個、こし布

食べごろと保存
10日目ぐらいからおいしい。煮沸消毒した保存びんで、
6か月冷蔵保存可能。開封後は清潔なスプーンを
使い、冷蔵庫で1か月保存可能。

1
甘夏みかんを半分に切って、果汁を搾り、種と房は取り出しておく。皮は3〜5mm幅に切って、鍋に入れる。

2
鍋に水を加え、1の種と房をこし布に包んで口を縛っていっしょに入れる。皮がやわらかくなるまで、60分ほど中火にかける。

3
皮がやわらかくなったら、こし布を絞る。熱いので、皿にはさんで絞るとよい。この絞り汁に天然の凝固剤であるペクチンが多く含まれているので、しっかり絞り入れる。

4
グラニュー糖とはちみつを加え、中火から強火で写真のような煮立ち具合をキープしながら煮ていく。つねに混ぜて、焦げないようにする。あとでリンクルテストをするために、小皿を冷凍庫で冷やしておく。冷たくしておくとテストの結果が早く出る。

5
でき上がりに合わせて、保存びんを煮沸消毒しておく（沸騰湯の中で5分以上）。

6
15〜20分煮たら、テスト用の皿にマーマレードを少しのせ、しわが寄るかリンクルテストをする。指でなぞってみて、しわが寄ったら煮るのを止める。マーマレードがやわらかすぎてしわが寄らなかったら、さらに火にかけ煮て、再度同様にテストをする。

7
熱いうちに保存びんに流し入れ、蓋をして逆さにして冷ます。マーマレードは冷めると堅さが増すと、雑菌混入を防ぐために、びん詰めは熱いうちに行う。

Part4
プディングとデザート

Puddings and desserts are the treats
created by mothers and conventionally served
with custard but increasingly with cream.

プディングとデザートは母が作ってくれる家庭の味。
伝統的にはカスタードソースを添えますが、
最近は生クリームも好まれています。

プディングとデザート
Puddings and Desserts

イギリスでは、長く料理として親しまれてきた「プディング」。
古くは、ペイストリー生地で肉料理を包んだキドニープディングや、
ソーセージのようなブラックプディングなどの料理を指していました。
現在では、プディングという言葉は、デザート全般を指す広い意味で使われています。
イギリスのパブやレストランで、メニューの最後が、デザートではなくて
プディングと書かれていることがあるのはこのためです。
イギリスのプディングデザートは、一般的に、コールドプディング、ベイクドプディング、
スチームプディングの3種類に大きく分けられます。
コールドプディングは、オーブンを使わず冷たいまま食べるもの、
ベイクドプディングはオーブンで加熱するものを指します。
いちばん種類が多いスチームプディングは、蒸し上げて作るもので、温かいまま食べるのが主流です。
19世紀に出版され、現代でもイギリス人女性の嫁入り道具の定番として愛される『ビートン夫人の家政書』では、
驚くことに146個ものプディングレシピが紹介されています。
料理の数に引けを取らないプディングは、やはり「イギリスの味」なのです。

容量150mlのプリン型で作ったひとり分のオレンジプディング。伝統のレシピでは、専用の大きな「プディングボウル（プディングベイスン）」で作り（p.105参照）、取り分けていただきますが、最近ではひとりで食べきれる小ぶりのアレンジが好まれています。

オレンジプディング
Orange Pudding

オレンジの香りがさわやかなオレンジプディングは、イギリス南部の生まれ。比較的温暖な南部では、オレンジやりんごなどの果物が多く収穫されるので、古くからお菓子に使われてきました。そのまま食べてもやさしい味わいを楽しめますが、プディングがおぼれるくらいのたっぷりのカスタードソースをかけてもおいしいですよ。

オレンジプディング
Orange Pudding

材料(容量150mlのプリン型 5個分)

A ｛ グラニュー糖……大さじ1
　　水……大さじ1
　　レモン汁……小さじ1

オレンジのスライス……2枚
バター❶(食塩不使用)……60g
グラニュー糖……70g
卵(M玉)……2個
オレンジ果汁……大さじ1
薄力粉……120g
ベーキングパウダー……小さじ1
牛乳……45ml
バター❷(食塩不使用。型用)
　……少量

特に用意する道具
容量150mlのプリン型5個、アルミホイル、蒸し器、竹串

蒸し器
15～20分。あらかじめ蒸気をたてたところに入れる。

準備
- バター❶、バター❷を室温でやわらかくする。
- 卵を室温に戻し、溶きほぐす。
- 型の内側に、指やキッチンペーパーなどで、バター❷を薄く均一に塗る。
- オレンジのスライスを4つの扇形に切り分ける(プディングボウルで作るときは、スライスのまま)。

食べごろと保存
蒸したてがおいしい。冷めたらレンジで温め直すとよい。ラップをして冷蔵庫で3日間保存可能。

オレンジ煮を作る

1
熱したフライパンにAを入れ、オレンジのスライスを加え、弱火で3～4分煮る。しんなりしてきたら、火から下ろし、冷ます。

生地を作る

2
バター❶をボウルに入れ、ハンドミキサーでクリーム状になるまですり混ぜる。

3
グラニュー糖を加え、さらに混ぜる。

4
溶いた卵を2、3回に分けて加え、ハンドミキサーで混ぜ合わせる。

5
オレンジ果汁を加え、さらに混ぜる。

6
薄力粉とベーキングパウダーを合わせてふるい、**5**のボウルに入れ、木べらでさっくり混ぜる。さらに、牛乳を加えて混ぜる。生地がなめらかになればよい。

蒸す

7
プリン型の底に、**1**のオレンジを敷き、**6**の生地を流し入れる。

8
アルミホイルを約15×15cmで5枚に切る。中央にひだを作り、型の中央にくるようにふんわりかぶせて蓋をする。ひだを作ることで蒸気の行き場ができ、生地が膨らんでも破裂しない。

9
蒸気のたった蒸し器に**8**の型を並べ、蓋をして15～20分蒸す。中火で、下の湯が沸騰する寸前くらいの状態を保ち、湯が減ったら熱湯を足し湯する。中心に竹串をさして生地がついてこなければ蒸しおわり。蒸しすぎると堅くなるので注意する。取り出して冷まし、粗熱が取れたら型から抜く。

仕上げる

10
お好みでカスタードソース（p.122参照）をかけたり、カットしたオレンジ（材料表外）を添えたりしてもよい。

●プディングボウルで作るなら

材料（容量500mlのプディングボウルまたはどんぶり直径14cm 1台分）

A ｛ グラニュー糖……大さじ1
水……大さじ1
レモン汁……小さじ1

オレンジのスライス……5枚
バター❶（食塩不使用）……60g
グラニュー糖……70g
卵（M玉）……2個
オレンジ果汁……大さじ1
薄力粉……120g
ベーキングパウダー……小さじ1
牛乳……45ml
バター❷（食塩不使用。型用）……少量

作り方
基本的な手順は同じ。
煮たオレンジを型の底と側面に密着させ、生地を流し入れる。クッキングシートをドーナツ形に切って生地上面に密着させてのせる（p.75写真b参照）。別のクッキングシートにひだを作って型にかぶせ、周囲をたこ糸で縛り、固定する。さらにアルミホイルをふんわりかぶせ、たこ糸で縛る。二重に蓋をすることで、長時間蒸しても、すが入りにくくなる。蒸し器に入れ、熱湯を切らさないように注意して、中火で蒸気がたった状態を保ち40～60分蒸す。

ひだを作ったクッキングシートでしっかり蓋をする。

チョコレートプディング
Chocolate Pudding

イギリスの南西部コーンウォール地方では、
古くから貿易が盛んで、
植民地から入ってくるカカオを使った
お菓子を早くから作っていました。
イギリスでは、大人も子どもも大好きな
チョコレートプディング。
おいしいチョコレートソースが
決め手です。

作り方

1. 鍋にAを入れ、木べらで混ぜながら中火にかける。なめらかに溶けたらボウルに移して冷ます。粗熱が取れたら、Bを少しずつ加え、混ぜ合わせる。
2. ふるったCのボウルに**1**を加え、静かに木べらで混ぜる。
3. さらにDを加え、静かに混ぜ合わせる。
4. 生地をプディングボウルに流し入れ、ドーナツ形に切ったクッキングシートをかぶせて密着させる(p.75写真b参照)。クッキングシートにひだを作って(p.105右下写真参照)、型にかぶせて蓋をし、周囲をたこ糸で縛り、固定する。さらにアルミホイルをふんわりかぶせて蓋をし、周囲をたこ糸で縛る。
5. 鍋に蒸し台を入れ、熱湯を切らさないように注意して、中火で40～60分蒸す。蒸しすぎると堅くなるので注意する。
6. 中心に竹串をさして生地がついてこなければ蒸しおわり。取り出して冷まし、粗熱が取れたらすぐに型から抜く。うまくはずれない場合は、型と生地の間に竹串を数か所さして抜く。
7. チョコレートソースを作る。材料をすべて鍋に入れ、木べらで静かに混ぜながら沸騰直前まで中火にかける。
8. チョコレートソースをかけてでき上がり。

材料 (容量500mlのプディングボウル 1台分)

A
- バター❶(食塩不使用) ……50g
- 三温糖……50g
- はちみつ❶……大さじ1

B
- 卵(M玉)……½個
- 牛乳❶……75ml

C
- 薄力粉……100g
- ベーキングパウダー……大さじ1
- ココアパウダー(無糖)……小さじ2

D
- 製菓用スイートチョコレート❶……25g
- カランツ(レーズンでもよい)……20g
- くるみ……20g

バター❷(食塩不使用。ボウル用)……少量

チョコレートソース
- 生クリーム(乳脂肪分35%)……80ml
- 牛乳❷……60ml
- 製菓用スイートチョコレート❷……100g
- はちみつ❷……大さじ1

特に用意する道具

プディングボウルまたはどんぶり
(容量500ml、直径14cm)、
クッキングシート、たこ糸、アルミホイル、竹串

蒸し器
40～60分。あらかじめ蒸気をたてておく。

準備
- バター❶❷を室温でやわらかくする。
- Bの卵は室温に戻して溶きほぐしてから計量し、牛乳❶と合わせておく。
- チョコレート❶❷を粗く刻む。
- プディングボウルの内側にバター❷を薄く塗る。クッキングシートを直径約7.5cmの円形に切って、底に敷く。
- 別のクッキングシートをプディングボウルの直径に合わせて円形に切り、中央に直径3cmほどの穴を開けてドーナツ状に切っておく。
- Cの粉類を合わせてボウルにふるい入れる。

食べごろと保存
蒸したてがおいしい。冷めたらレンジで温め直すとよい。冷蔵庫で3日間保存可能。

材料（グラタン皿 1台、約4人分）
食パン*……130g（5、6枚切りを約2枚）
バター❶（食塩不使用）……30g
卵（M玉）……2個
牛乳……200mℓ
バニラオイル……4、5滴
A ┃ 黒砂糖……30g
　 ┃ ミックススパイス（p.7参照）
　 ┃ 　……小さじ½
　 ┃ シナモンパウダー……小さじ1
レーズン……30g
バター❷（食塩不使用。グラタン皿用）……少量

*食パンは、袋に入れたまま2～3日おく。
　使う3時間前に袋から出して、
　少し堅く乾燥気味にする。

特に用意する道具
15×11cmのグラタン皿

オーブン
予熱190℃、焼成180℃で20～30分

準備
- バター❶❷を室温でやわらかくする。
- 卵を室温に戻しておく。
- Aを合わせてボウルにふるい入れる。

食べごろと保存
焼きたてがおいしい。ラップをして
冷蔵庫で3日間保存可能。
食べるときには温めるとよい。

作り方
1. 食パンを耳もいっしょに小さくちぎってボウルに入れる。
2. バター❶を35～40℃の湯せんで溶かし、1に回しかける。
3. 卵液を作る。卵を溶いて混ぜ、牛乳、バニラオイルと合わせ、Aの入ったボウルに少しずつ加えながら、泡立て器で静かに混ぜる。
4. 3を2に流し入れ、レーズンを加えてフォークで混ぜる。そのまま15分おく。
5. グラタン皿にバター❷を塗り、4をすべて移す。
6. 予熱したオーブンに入れ、温度を180℃に下げて20～30分焼く。表面がきつね色になったら焼き上がり。

伝統のブレッドプディング
Old Fashioned Bread Pudding

このプディングにはじめて出会ったのはパン屋さんでした。
焼きたてのパンが次々出てくる店で、焼き菓子でもないケーキでもない
不思議な姿のブレッドプディングが並んでいたのです。
それもそのはず、このプディングは
古くなったパンを小さくちぎって卵液と合わせ、オーブンで焼き上げたもの。
最後までおいしく食材を食べきるという、
イギリスの知恵が詰まったプディングなのです。
クリスピーな表面と、しっとり味がなじんだ生地がおいしいプディングです。

サマープディング
Summer Pudding

色とりどりのベリーをふんだんに使った鮮やかなサマープディングは、家庭でよく作られるデザートのひとつ。
19世紀末に登場した、イギリス菓子のなかでは比較的新しいものです。
まわりを包むのは食パン。古くなった食パンをおいしく食べる工夫は質素で堅実なイギリス人らしいもの。
冷やして生クリームやベリーのソースをかけてもおいしいですよ。

材料(容量500mlのプディングボウル 1台分)

A ┃ 冷凍ミックスベリー……500g
　┃ グラニュー糖……50g
　┃ はちみつ……大さじ1と½
　┃ 水……大さじ5

サンドイッチ用食パン*……7〜10枚
新鮮ないちご、ラズベリー、ブルーベリーなど
　(飾り用)……適宜

*食パンは、袋に入れたまま2〜3日おく。
　使う3時間前に袋から出して、
　少し堅く乾燥気味にする。

特に用意する道具
プディングボウルまたはどんぶり
(容量500ml、直径14cm)、キッチンばさみ

準備
● プディングボウルの内側にラップを敷く。
　後でボウルの上面まで覆えるように
　大きめにカットする。

食べごろと保存
できたてがおいしい。ラップをして、
冷蔵庫で翌日まで保存可能。

memo
食パンはしっとりふわふわのやわら
かいものより、乾燥気味でやや堅く
なったもののほうが型抜きをしたとき
に崩れにくくなります。

フィリングを作る

1
Aを鍋に入れ、木べらでそっと混ぜながら5分中火にかける。混ぜすぎて、ベリー類をつぶさないように注意。全体にグラニュー糖が溶けたら火から下ろし、粗熱を取る。

型に流す

2
食パンを対角線に半分に切る。プディングボウルに少しずつ重ねながら敷き込む。ボウルの高さに揃えて、はみ出た部分はキッチンばさみでカットする。

3
2に、1を流し入れる。上面をぴったり覆うように、食パンを適宜カットして蓋をする。

ひと晩寝かせる

4
ボウルに敷いたラップで、上面をぴったり覆うように包む。上にお皿と缶詰などをのせて重石にし、冷蔵庫でひと晩寝かせる。

仕上げる

5
プディングをボウルから抜く。型の上に盛りつけ皿をかぶせ、皿と型を密着させたままそっとひっくり返す。ラップを軽く引っ張りながら型抜きするときれいに抜ける。お好みのベリーを飾って冷たいまま食べる。さらに生クリームやベリーのソース(どちらも材料表外)をかけてもよい。

ビートン夫人のブレッド&バタープディング
Mrs.BEETON's Recipe Bread & Butter Pudding, Steamed

イギリスで知らない人はいない、実用書のベストセラー『ビートン夫人の家政書』。その中で紹介されている、
残ったパンを利用したレシピです。イギリス人は、「そこのクリスピーなところをね!」と言って取り分けてもらいます。
オーブンできつね色になって、少し焼き目がついたブレッド部分と、
中のふわふわしたプディング部分の食感のコントラストが絶妙なのです。

材料 (グラタン皿 1枚分)
食パン*(8枚切り)……5枚
バター❶(食塩不使用)……40g
マーマレード……40g
牛乳……300ml
グラニュー糖……60g
卵(M玉)……2個
バター❷(食塩不使用。グラタン皿用)……少量

*食パンは、袋に入れたまま2〜3日おく。
　使う3時間前に袋から出して、
　少し堅く乾燥気味にする。

特に用意する道具
容量約600mlのグラタン皿(ここでは直径21×深さ
3.5cmの丸グラタン皿。形は不問)、網

オーブン
予熱170℃、焼成160℃で40〜50分湯せん焼き

準備
● バター❶❷を室温でやわらかくする。
　バター❷をグラタン皿の内側に塗る。
● 卵を室温に戻して溶きほぐす。

食べごろと保存
焼きたての熱いうちがおいしい。
ラップをして冷蔵庫で翌日まで保存可能。

作り方
1 食パンを十字に4等分に切り、それぞれ片面にのみバター❶とマーマレードを薄く塗る。
2 ボウルに牛乳、グラニュー糖、卵を合わせてフォークでしっかり混ぜる。
3 食パンの角が重ならないようにグラタン皿に並べ、**2**をパン全体に回しかける。そのまま室温で30分おく。
4 予熱したオーブンに入れ、温度を160℃に下げて40〜50分湯せん焼きにする(天板に1cmの湯を張り、そこにグラタン皿を置く)。パンの縁がカリッと焼け、全体にきつね色になったら焼き上がり。あつあつを食べる。

memo
ビートン夫人のオリジナルレシピよりもカリッと仕上げるには、160℃のオーブンで30分湯せん焼きした後、湯を捨てて同じ温度で10分きつね色になるまで焼きます。今では、こちらの方が主流です。お好みでバターを30gに減らしても、マーマレードを60gに増やしてもおいしいですよ。

イギリスだより

ビートン夫人の家政書で巡る古書のたのしみ

ビートン夫人(1836-1865)は、ロンドン生まれのカリスマ編集者で、1859-1861年の間に書いた記事をまとめた『ビートン夫人の家政書』("The Book of Household Management")が大好評を得て、イングランドでもっとも著名な作家となりました。記事の内容は、中流階級以上の女性に向けた家庭運用の手引書で、女主人としての使用人とのつきあい方や、家庭の料理菓子からおもてなし法、ハウスキーピング、法律、衛生、けがの応急処置まで多岐にわたります。

　私がいつも行く近所の古書店には、ヴィクトリア時代のビートン夫人の古書が一冊置いてあります。皮の表紙に浮彫りの金字で書名が書かれている、それは美しい本です。今残るビートン夫人の古書は、20世紀前半のものが多く、装丁も編集内容もさまざま。読みくらべてみると、料理菓子も発行時代に流行っていたものを主流にまとめられているようです。

　また、結婚や娘の誕生日などのお祝いに贈られることも多く、内表紙には、贈り主からのメッセージがインクで書かれていたりします。どんな人の手をわたってここへきたのか、思いを馳せずにはいられません。

写真/ビートン夫人 Isabella Mary Beeton (née Mayson), by Maull & Polyblank, 1857 ©National Portrait Gallery, London

古書『ビートン夫人の家政書』。いずれも著者所蔵。

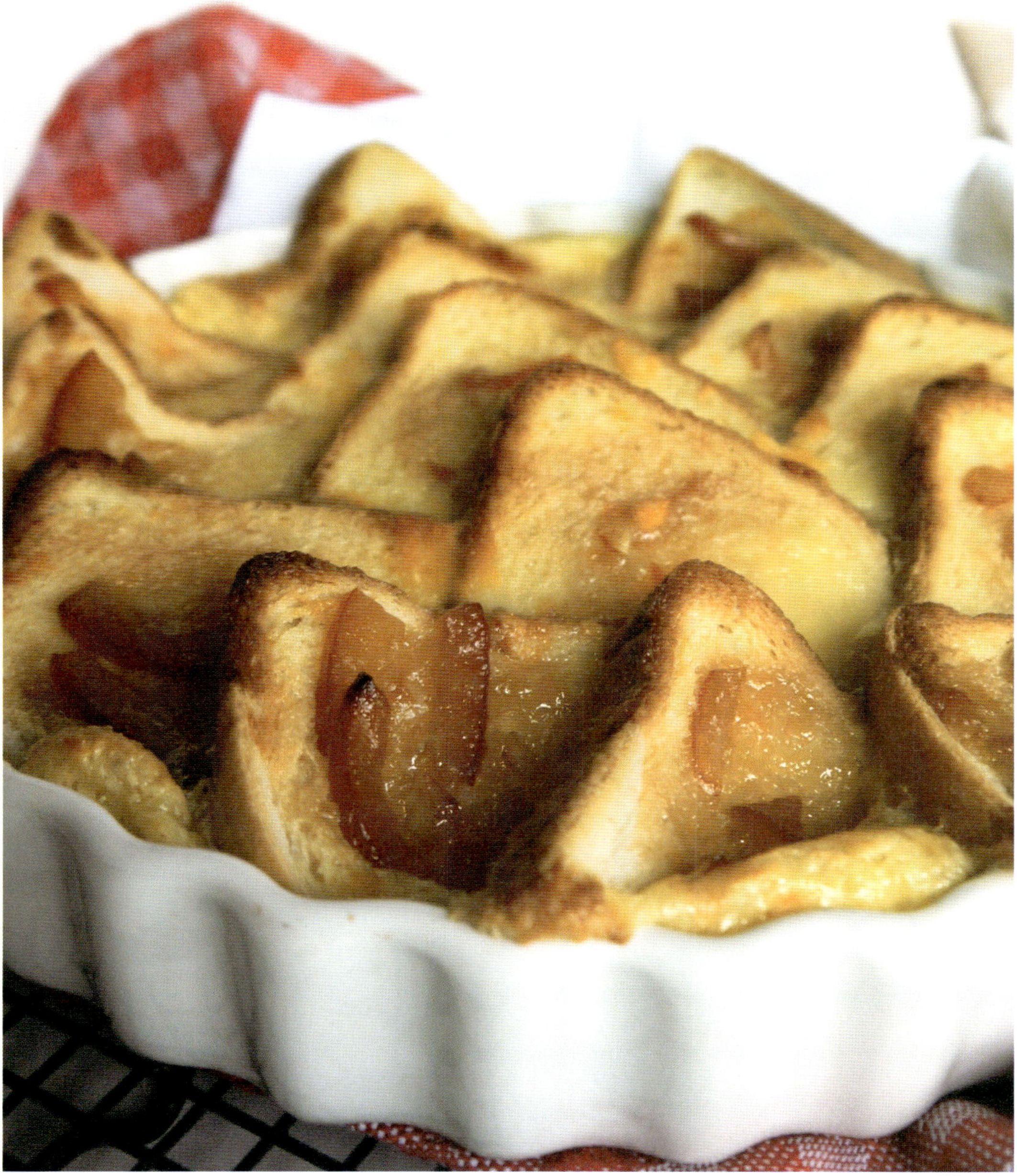

デヴォンのアップルダッピー
Devonshire Apple Dappy

イギリス南西部のデヴォン地域で、
ヴィクトリア時代（1837-1901年）から作られていたといわれる古いプディング。
現在では、温かいカスタードをたっぷりかけていただきます。
イギリスでは、秋のりんごの収穫時期に、
酸っぱいクッキングアップルを使って作ります。

材料（グラタン皿1枚、約8人分）

A
- りんご……1個
  （いちょう切りにして正味200g）
- 水……大さじ2
- レモン汁……大さじ1
- シナモンパウダー……小さじ½

B
- 薄力粉……160g
- 強力粉……20g
- ベーキングパウダー……小さじ1

- グラニュー糖……25g
- 塩……小さじ¼
- バター❶（食塩不使用）……50g
- 牛乳……100ml
- 強力粉（打ち粉用）……適宜
- バター❷（グラタン皿用）……少量
- グラニュー糖（仕上げ用）……適量
- バター❸（仕上げ用）……30g
- カスタードソース（p.122参照）……適量

特に用意する道具
直径22cmの丸グラタン皿、カード、
麺棒、網、刷毛

オーブン
予熱190℃、焼成180℃で15分、
さらに200℃で5分

準備
- バター❶をサイコロ状に切って
  冷蔵庫で冷やす。
- バター❷を室温でやわらかくし、
  グラタン皿の内側に塗る。

食べごろと保存
焼きたてがおいしい。ラップをして、
常温で翌日まで保存可能。

フィリングを作る

1

りんごをいちょう切りにする。フライパンにAを入れ、中火で5分火を通す。火から下ろして冷ましておく。

生地を作る

2

Bの粉類を合わせてボウルにふるい入れ、グラニュー糖と塩を加える。

3

2にバター❶を加え、カードでバターを切り混ぜる。バターが散ったら、指先で手の熱を加えないように、そぼろ状にすり混ぜる。

4

牛乳を加え、手でふんわりやさしく混ぜる。生地を折りたたみながらひとまとめにする。

成形する

5 こねおわりの状態

台に打ち粉をして、生地を取り出し、練らないようにして4、5回ほど折りたたむ。麺棒でのばせるくらいにまとまればよい。

6

台に打ち粉をしながら、生地を麺棒で厚さ5mmの長方形、約28×20cmにのばす。

7

1のりんごを写真のように置き、手前からくるくると巻く。巻きおわり5cmくらいには、りんごをのせないようにする。指でつまんで閉じる。

8

巻きおわりを下にして、3cm幅に8〜9個にカットする。

焼く

9

グラタン皿に**8**を並べ、グラニュー糖をふり、予熱したオーブンに入れる。温度を180℃に下げて15分焼き、200℃に上げて5分焼く。上がきつね色になれば焼き上がり。網にのせる。

仕上げる

10

すぐにバター❸を湯せんで溶かし、焼きたての熱いうちに、刷毛で全面に塗る。

11

皿に取り分け、たっぷりのカスタードソースをかけて食べる。

ミックスベリークランブルケーキ
Mix Berry Crumble Cake

天板に生地を流し込んで焼くだけのお手軽デザートです。
クランブルは冷凍可能なので、保存しておくといつでも作れます。
大きな天板のまま焼きたてをテーブルにサーブして、
みんなで自分の好きなだけ切り分けるのも楽しいです。

材料（天板 1枚分）

クランブル
- 薄力粉❶……90g
- グラニュー糖❶……20g
- バター❶（食塩不使用）……60g

生地
- バター❷（食塩不使用）……150g
- グラニュー糖❷……100g
- 卵（M玉）……2個
- バニラオイル……4、5滴
- 薄力粉❷……160g

ブルーベリージャム……200g
冷凍ミックスベリー……150g

特に用意する道具
28×18×2cmの天板、カード、クッキングシート、網

オーブン
予熱190℃、焼成180℃で30分

準備
- バター❶をサイコロ状に切って冷蔵庫で冷やす。
- バター❷を室温でやわらかくする。
- 卵を室温に戻しておく。
- 天板にクッキングシートを敷く。

食べごろと保存
焼きたてがおいしい。
ラップをして
常温で2日間保存可能。

作り方

1. クランブルを作る。ボウルに薄力粉❶をふるい入れ、グラニュー糖❶とバター❶を加え、カードでバターを細かく刻む。バターが全体に散ったら、指先を使って手の熱を加えないようにすり混ぜて、そぼろ状にする。ボウルごとラップをして冷蔵庫で冷やしておく。
2. 生地を作る。別のボウルにバター❷を入れ、ハンドミキサーでクリーム状にする。
3. グラニュー糖を3回に分けて加え、そのつど混ぜる。
4. 卵を別のボウルに入れ、バニラオイルを加えて溶く。3回に分けて3に加え、ハンドミキサーで混ぜる。
5. 4に薄力粉❷をふるい入れ、木べらでつやが出るまで混ぜる。
6. 用意した天板に生地を流して平らに広げる。
7. 生地の上にブルーベリージャムを塗り広げ、冷凍ミックスベリーを凍った状態のまま、のせる。
8. 最後に1のクランブルをふりかける。予熱したオーブンに入れ、温度を180℃に下げて30分焼く。表面のクランブルが、薄いきつね色になれば焼き上がり。
9. 天板ごと網にのせて冷ます。そのままにすると生地が「しとる」ので、焼きたてを食べないときには、粗熱が取れたらクッキングシートごと天板からはずして網にのせて冷ます。

memo
クランブルを冷凍して常備することも可能。1でそぼろ状にした状態で、ファスナーつきの密閉袋に入れて、冷凍庫で4週間保存可能。使うときには、冷凍のままふりかけて焼けばOK!

アップル&ブラックベリークランブル
Apple & Blackberry Crumble

イギリスのクランブルはふつう、バターをたっぷり使いますが、これは代わりに少量のサラダ油を使うのでヘルシーです。りんごを少し堅めに仕上げると、食感が残っておいしいアップルクランブルになります。

材料（グラタン皿 1枚分）
フィリング
- りんご……1個
- ブラックベリー*
  （ブルーベリー*で代用可）……40g
- 三温糖……20g
- ミックススパイス (p.7参照)
  ……小さじ½
- 水……大さじ1

ヘルシークランブル
- オートミール**……大さじ1と½
- ごま**……小さじ½
- ヘーゼルナッツ**……大さじ1
- はちみつ……大さじ½
- サラダ油……大さじ½

*ベリーは生でも冷凍でもよい。
**オートミール、ごま、ヘーゼルナッツは、まとめてグラノーラ（シリアル食品）でも代用可。

特に用意する道具
容量約250mlのグラタン皿
（ここでは18×12cm大。形は不問）

オーブン
予熱190℃、焼成180℃で15分

準備
● りんごをいちょう切りにする。

食べごろと保存
焼きたてがおいしい。
ラップをして冷蔵庫で
2日間保存可能。

作り方
1. フィリングの材料をすべてフライパンに入れ、りんごがしんなりするまで木べらで混ぜながら約5分中火にかける。
2. ヘルシークランブルの材料をすべてボウルに入れ、木べらで混ぜ合わせる。
3. グラタン皿に**1**を敷き入れて、**2**をふりかける。
4. 予熱したオーブンに入れ、温度を180℃に下げて15分焼く。途中で表面に焦げ目がつきそうな場合には、アルミホイルでカバーして焼く。お好みでなめらかカスタードソース (p.122参照) をかけてもおいしい。

パヴロヴァ　Pavlova

たっぷりのメレンゲにフレッシュフルーツを山盛りのせた色鮮やかなとても甘いデザート。
甘いメレンゲのさくさく感と、フルーツの甘酸っぱいジューシーさを、クリームがつなぎ役となってなめらかな味わいにしてくれます。
湿度が低いイギリスでは、メレンゲは常温で気軽に保存できる常備菓子です。
そんな身近なメレンゲで作るこのお菓子は、イギリスの夏の定番の味。
パヴロヴァで作ったメレンゲで、イートンメスも作れます。

材料（直径12cm 2枚分）
メレンゲ
- 卵白……60g
- コーンスターチ……小さじ2/3
- バニラオイル……4、5滴
- レモン汁……小さじ2/3
- グラニュー糖❶……110g

純粉糖……約10g

仕上げ用のクリーム
- 生クリーム（乳脂肪分45％以上）……200ml
- グラニュー糖❷……15g
- キルシュ（さくらんぼの蒸留酒）……5ml

いちご、ラズベリー、ブルーベリーなど、
　旬のフルーツ……適量
ミントの葉（飾り用）……適宜

特に用意する道具
絞り袋、星口金、
茶こし、クッキングシート、網

オーブン
予熱130℃、焼成120℃で60分

準備
● 天板にクッキングシートを敷き、
　えんぴつかペンで直径12cmの円を
　2個描く。

食べごろと保存
メレンゲとクリームを合わせて
すぐが食べごろ。
食べる直前に盛りつける。
メレンゲ単体なら、
密閉容器に乾燥剤と
いっしょに入れて1週間保存可能。
メレンゲを重ねず平置きにした方が
「しとり」が出にくく保存がきく。

メレンゲを焼く

1
ボウルに卵白を入れてハンドミキサーでほぐし、コーンスターチ、バニラオイルとレモン汁を加え混ぜる。グラニュー糖❶を3回に分けて加えて低速で泡立てる。しっかりつのを立てる(p.124参照)。

2
絞り袋に口金をつけ、メレンゲを詰め、天板に直径12cmの円を絞り出す。縁の部分は土手を作るように2段に重ねて絞る。

3
2のメレンゲに、茶こしで純粉糖をふる。メレンゲ全体が純粉糖の白で覆われるくらいふる。2～3分して純粉糖が消えたら、再度、純粉糖をふる。こうするとひびが入らずきれいな乾燥焼きができる。

4
予熱したオーブンに入れ、温度を120℃に下げて60分、ゆっくり焼く。焼き色をつけないように注意して、色がつきそうになったら、温度を少し下げ、小まめにチェックして、さらに温度を調節する。メレンゲの上を押すと、全体に乾燥していてシートからすっと離れ、裏返して底面が乾いていれば焼き上がり。クッキングシートごと網にのせて冷ます。

仕上げる

5
生クリームをボウルに入れ、グラニュー糖❷とキルシュを加え、ハンドミキサーで8分立てにする(p.124参照)。

6
メレンゲが冷めたら、食べる直前に、5のクリームを大きめのスプーンで流し入れ、フルーツを飾る。お好みでいちごのソース(材料表外)やミントの葉を添えてもよい。

memo
メレンゲが余ったら、天板にひとくち大ほどに小さく絞りきっていっしょに焼きます。40～50分焼いたら、12cm大のものより先に取り出します。小さく焼いたメレンゲは、そのまま食べてもいいですし、イートンメスなどのお菓子にも使えます。

●メレンゲを使って、プラスワンレシピ

イートンメス
Eton Mess

イギリスの名門パブリックスクールのイートン校で生まれたお菓子。メスとは「乱雑な状態」の意。ざくざくと混ぜて食べるのでメスなのでしょうね。ざっくりと混ぜ合わせるだけの手軽な夏のデザートです。

材料(パフェグラス4個分)
いちご……150g
キルシュ(さくらんぼの蒸留酒。省く可)
　……大さじ1
レモン汁……大さじ1/2
12cm丸に焼いたメレンゲ*……2個
生クリーム(乳脂肪分45%以上)
　……200ml
グラニュー糖……15g

*小さく焼いたメレンゲ適量でもよい。

作り方
1. いちごをお好みの大きさにカットし、キルシュとレモン汁をからめる。
2. パヴロヴァで作ったメレンゲを食べやすい大きさに手で割る。
3. 生クリームをボウルに入れ、グラニュー糖を加えて、ハンドミキサーで8分立てにする(p.124参照)。
4. 食べる直前に、1、2、3をガラスの器に交互に入れて盛りつける。

オレンジのゼリー
Orange Jelly

イギリスのゼリーは専用のモールド（型）とともに広まりました。ぽってりしたフォルムがかわいらしいガラス製のモールドは、プレスガラスが安価に作られるようになってから一般家庭でも使われるようになりました。ゼリーは、イギリスの夏のさわやかな定番おやつです。

材料（容量500mlのゼリー型 1個分）

A ┃ オレンジ果汁……350ml
　　（約5個分）
　　水……150ml
　　レモン汁……大さじ1
　　グラニュー糖……20g

粉ゼラチン（ふやかし不要のもの）……10g
オレンジ（飾り用）……1個

特に用意する道具
容量500mlのゼリー型、温度計、万能こし器、氷水

準備
● 型を水にくぐらせておく

食べごろと保存
ゼリーが固まってすぐがおいしい。冷蔵庫で3日間保存可能。

作り方

1. 鍋にAを入れ、混ぜながら中火にかけて温める。80℃になったら火から下ろし、50〜60℃に下がったら粉ゼラチンをふり入れて溶かす。
2. 1を万能こし器を通してボウルに移し、ボウルの底を氷水に当て、とろみがつくまで冷やす。ゼリーをスプーンですくって背に指で一本線を描き、その線が消えないくらいのとろみがつけばよい。
3. 水にくぐらせた型にゼリー液を流し、ラップをして冷蔵庫で約4時間、冷やし固める。型を傾けてもゼリーがしっかり固まっていればでき上がり。
4. 湯に型ごと5秒ほど浸して、ゼリーを盛りつけ皿に出し、オレンジを適宜カットして飾る。

memo
イギリスのガラスモールドで作るときには、美しい形がしっかり出るようにゼラチンを多めに入れて堅く作ります。やわらかいゼリーがお好みなら、ゼラチンの量を少し減らしてみてください。

🇬🇧 **イギリスだより**

心奪われるゼリーモールド

イギリスの料理や菓子に使われるモールドの歴史は古く、ヴィクトリア時代には銅製のものが登場し、その後、陶器やアルミ製、ガラス製のものが作られました。これらの古いモールドは、大切にされて代々引き継がれており、マナーハウスなどに行くと、キッチンに美しく飾られています。
　ガラス製のゼリーモールドは比較的新しく、1940年代から60年代に製造されて一般家庭に浸透したので、イギリスのアンティーク店ではよく見かけます。ぽってりとした重みのあるガラスで、精製度は低く気泡が入っていたりしますが、そこが魅力です。イースター用のうさぎ型やひとり用の小さな型も作られました。家庭で果物がまだ高価だったころ、ゼリーをかわいいモールドで作り、テーブルに華を添えるという意味もあったそうです。

上のレシピで使用したガラスモールド。手に持つとずっしりと重い。

トライフル
Trifle

トライフルは「ありあわせのもの」を意味し、名前のとおり、家にあるものでできる、イギリスの家庭でよく作られるお手軽お菓子のひとつです。スポンジと季節のフルーツに、生クリームやカスタードソースをプラスして、大きなガラスのボウルや小ぶりのグラスに作って彩りを楽しみます。

材料(ガラスボウル 1個、約6人分)
生クリーム(乳脂肪分45%以上)……400mℓ
グラニュー糖……35g
キルシュ(さくらんぼの蒸留酒)❶……小さじ2
シロップ
 ┌ オレンジ果汁……50mℓ
 └ キルシュ❷……小さじ1
市販のスポンジ*(2cm角にカットする)
 ……20〜30個
フルーツ
 ┌ バナナ……2本
 │ いちご……250〜300g
 │ ブルーベリー、ラズベリーなど
 └ ……約150g
なかない粉糖(仕上げ用)……適量

*スポンジは、p.123の「簡単トライフルスポンジ」を使ってもよい。

特に用意する道具
直径18cmのガラスボウル、氷水、茶こし

準備
● 最後の飾り用にフルーツ各種を少しずつ別に取り分けておく。

食べごろと保存
できたてがおいしい。
ラップをして冷蔵庫で翌日まで保存可能。

作り方
1 生クリームをボウルに入れ、グラニュー糖とキルシュ❶を加える。ボウルの底を氷水に当てながら、ハンドミキサーで6分立てに泡立てる。
2 シロップの材料を合わせる。
3 ガラスボウルにスポンジの1/3量を入れ、2を適量かけてしみこませる。
4 バナナをスライスする。ほかのフルーツとともに3の上に適量を散らし、1の生クリームをスプーンでざっくりすくって覆う。
5 器の上まで3〜4を数回繰り返して層にして、最後は生クリームで覆う。
6 取り分けておいたフルーツを飾り、茶こしでなかない粉糖をふる。

memo
カスタードソース(p.122参照)を100gを中の層に加えてもおいしい。

● **ひとり分ずつグラスに盛るなら**

材料(直径8cm、容量150mℓのグラス 6個分)
生クリーム200mℓ　グラニュー糖15g
キルシュ❶小さじ1
シロップ｛オレンジジュース50mℓ　キルシュ❷小さじ1｝
市販のスポンジ(2cm角にカットする)約20個
いちご18粒　ブルーベリー、ラズベリーなど約50g
バナナ1本　なかない粉糖(仕上げ用)適量

作り方
左のガラスボウルで作るときと同じ。

イギリスだより
イギリスの「季節の味」

日本に春夏秋冬があり、それぞれの季節を感じる旬の味があるように、イギリスにも、新しい季節の訪れを感じさせる食材や、味があります。イギリスでは、ピンクルバーブが出始めたら春の気配を、エルダーフラワーを見かけ始めたら初夏の香りを感じます。ここでは、私がイギリスにいる間に出会ったイギリスの「季節の味」をご紹介します。

「妖精の花」で作る、初夏のエルダーフラワーコーディアル
Elderflower Cordial

小さな白い花がかわいらしいエルダーフラワー。

花を摘み、レモンをたっぷり搾ってコーディアルを作ります。

日本でも輸入食品店などでエルダーフラワーコーディアルが入手可能。

エルダーフラワーは、和名「西洋ニワトコ」と呼ばれる、ヨーロッパ原産の針葉樹で、その細かく白い小さな花は、「妖精の花」とも呼ばれています。イギリス各地で見つけることができ、大きなものは高さ6〜8mにもなり、杖に使われるほど大きくなるものもあります。映画『ハリー・ポッター』でも、「ニワトコの魔法の杖」として登場するので、ご存じのかたも多いかもしれません。

このエルダーフラワーは、6月になると花をつけます。その独特な香りは、さわやかで、ライチの実やりんごの花の香りにも似ています。この時季、フットパス（散歩道）や牧場の垣根にエルダーの花が咲き乱れますが、みなが競って摘むので、背の届くところはすぐになくなってしまいます。花が開ききると花粉が多くなるため、つぼみから、咲き始めころの花が旬とされ、その時期はとても短いのです。

わが家のご近所さんに、一軒、立派なエルダーフラワーの木をもつお家があり、毎年摘ませてもらっていました。はしごが欲しくなるほど立派なエルダーでした。

この花を摘んで作るのが、甘くてさわやかな味わいのエルダーフラワーコーディアルです。エルダーフラワーの花を砂糖とレモンといっしょに漬け込む簡単なレシピ。アルコールが入っていないシロップ漬けのジュースで、子どもから大人まで楽しめるのも、イギリスで広く親しまれる理由のひとつです。コーディアルを作るのに、古書のレシピでは白ワインビネガーを使いますが、現代ではスーパーの薬局で手に入る2ポンドほどのクエン酸を加えます。こうすると、酢の銘柄や味に左右されることなく、いつも一定の同じ味が作れるからです。これが、6月は売り切れて薬局から姿を消すほど、イギリス人はコーディアル作りが大好きなのです。

家庭で作るものは、市販品にくらべて保存料が入らない分、砂糖多めで甘いのが特徴で、4週間ほどおくと微炭酸になります。市販のものもたくさんありますが、自宅で作れば、甘さやスパークリングの強さをお好みに調節できますし、なにより手軽に家庭で作って楽しめるのがイギリス的なのです。自然の恵みから材料を得て、夏をのりきるためのおいしい工夫をしているところは、日本人が初夏に青梅を漬ける感覚に似ているかもしれません。

飲みものとしてだけではなく、シロップやハーブティーの茶葉にも使用されるエルダーフラワー。フットパスで摘み取って、ひと枝部屋に飾るだけでよい香りが家じゅうに広がります。イギリスの短い初夏の楽しみのひとつが、エルダーフラワーなのです。

手前のカップはレモンを浮かべてストレートで、奥のグラスはさわやかに少量の炭酸水で割ったスタイルです。

ろうそくの灯火で育つ
ピンクルバーブ

イギリスのルバーブのはしりは、1月中旬から2月下旬までの初春に収穫される「ピンクルバーブ」といわれる促成栽培ルバーブ（Force Rhubarb）です。5〜6月ごろに出荷され始める夏の露地栽培のものと違って、表面のすじが気にならないほど皮が薄くてやわらかく、やさしい味が魅力の短期間のみ楽しめる特別なルバーブです。このピンクルバーブは、天井が低い真っ暗な小屋で、ろうそくの光だけで栽培されます。もやしを暗室で育てるのと同じで、太陽の光を遮断した栽培小屋に細くて繊細なルバーブをぎっしり育てるのです。

この小屋で収穫されたルバーブは、茎の部分はピンク色でやわらかく、葉は白く小さいのが特徴。一方、露地ものは、太陽をたっぷり浴びて、葉は深い緑色で大きく、赤みがかった緑の茎は堅めです。日本で見かける生のルバーブよりも、ずっと太くてたくましく、繊維質で、色が濃いのです。その露地ものでも、茎が伸び始めたところで、フォーサーという植木鉢のおばけのようなものをかぶせて8週間ほど栽培をして収穫し、赤くやわらかいルバーブを作ることもあります。イギリス人の庭には、よくフォーサーが伏せて置いてありますが、実はその下にはルバーブが育っているのです。

ルバーブはイギリスでは、タルトやクランブルにして食べるのが一般的ですが、なかでも、ジャムにしていただくのがいちばんのおすすめです。冷凍のルバーブでもジャムが作れますが、フレッシュルバーブのほうが、鮮やかな赤色が美しい、酸味がきりりと効いたおいしいジャムができます。日本でも北海道や軽井沢などで栽培されていて手に入りやすくなったので、手軽にイギリスの味を楽しめます。ルバーブのジャムは、スコーンにもぴったりですよ！

露地栽培のルバーブも出始めのころは色が薄く繊細。薄皮は剥かずに調理します。

一般的なルバーブ畑の看板。自分で収穫する「ピックユアオウン」のスタイル。

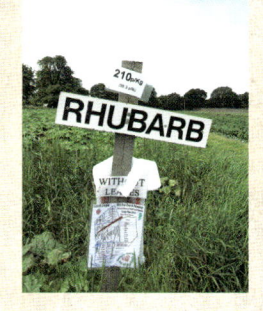

地元野菜が集まる週一度の「ファーマーズマーケット」で買える、真っ赤な茎がたくましい露地栽培ルバーブ。

ピンクルバーブを育てるために、特殊な栽培小屋が用意されています。

ジャムの仕上がりの赤みは、ルバーブの茎の色によって変わります。

●フレッシュルバーブで作るジャム

材料（仕上がり量 300g）
生のルバーブ……400g
レモン汁……50ml
グラニュー糖……200g

食べごろと保存
できたてがおいしい。
煮沸消毒したびんに入れて、4週間冷蔵保存可能。

作り方
1. ルバーブを2cm幅に切り、ボウルに入れ、レモン汁を加え混ぜる。
2. グラニュー糖をかぶせるようにふりかけ、ひと晩おく。
3. 鍋に入れ、木べらで混ぜながら中火にかけ、15分ほどあくを取りながら煮る。混ぜすぎると、ルバーブが崩れてジャムに濁りが出るので注意。
4. 仕上がりに合わせて、保存びんを煮沸消毒し、好みの堅さになったら、熱いうちに流し入れる。

おうちで簡単手作り

おいしさアップの特製レシピ

買ってくることもできるけれど、自分で作ればもっとおいしい！
本書で紹介するイギリス菓子をぐんとおいしくするお助けレシピをご紹介します。

●なめらかカスタードソース

イギリスでは、熱湯か熱い牛乳と合わせ混ぜるだけのインスタントカスタードが人気です。
これをお菓子がおぼれるくらいたっぷりかけるのがイギリス流。
日本では、このインスタント製品がないので、ここではイギリス菓子に合う
簡単に作れるおいしいカスタードソースをご紹介します。

材料（仕上がり量 220g）
卵黄……2個
グラニュー糖……大さじ2
コーンスターチ……大さじ1
牛乳……200mℓ
バニラオイル……4、5滴

保存
保存しないで
作った当日じゅうに
食べきる。

作り方
1 ボウルに卵黄とグラニュー糖を入れ、泡立て器でもったりするまでしっかり混ぜる。
2 コーンスターチをふるい入れ、静かに混ぜる。
3 鍋に牛乳とバニラオイルを入れ、沸騰直前まで温める。
4 2を泡立て器で混ぜながら、3を加え、なめらかになるまで静かに混ぜる。
5 4を牛乳の入っていた鍋に戻し、中火にかけ、とろみがつくまで1～2分木べらで混ぜながら火を入れる。鍋底を焦がさないように注意。
6 温かいうちに、お好みのお菓子にかけて食べる。

イギリスで大人気の「バード社」の即席粉末カスタード。1837年にアルフレッド・バード氏が、卵アレルギーをもつ妻のために開発した、卵を含まない配合。熱湯を加えるか、牛乳に加えて火にかけ混ぜるだけ。

こんなお菓子に合わせてみましょう

オレンジプディング
(p.103)

デヴォンの
アップルダッピー
(p.112)

アップル&ブラックベリー
クランブル
(p.115)

トライフル
(p.119)

●簡単トライフルスポンジ

イギリスでは、買ってきてカットするだけで作れる手軽な市販のスポンジがあって人気です。
ここでは、いつもある材料で天板ですぐに焼けるスポンジをご紹介します。カットしてトライフル(p.119)に使います。

材料(天板 1枚分)
卵(M玉)……3個
グラニュー糖……60g
サラダ油……大さじ1
薄力粉……40g
牛乳……大さじ1

用意する道具
28×18×2cmの天板、温度計、クッキングシート、網

オーブン
予熱210℃、
焼成200℃で8〜10分

準備
● 40℃の湯せんを準備する。
● 卵を室温に戻し、溶きほぐす。
● 天板にクッキングシートを敷く。

保存
ラップに包んで
1か月冷凍保存可能。

作り方

1. ボウルに、溶いた卵とグラニュー糖を入れて泡立て器で軽く混ぜ、40℃の湯せんにかけて温める。
2. 卵液が30℃くらいになったら、湯せんから下ろして、ハンドミキサーの中速で5分混ぜる。
3. サラダ油を加え、ハンドミキサーで30秒ほど混ぜる。
4. 薄力粉をふるい入れ、木べらで底から返すように混ぜ、さらに牛乳を加え、つやが出るまで混ぜる。
5. 用意した天板に生地を流し、平らに広げる。
6. すぐに、予熱したオーブンに入れ、温度を200℃に下げて8〜10分焼く。全体がきつね色になって、触ると弾力があり、乾燥していたら焼き上がり。焼きすぎるとぱさつくので注意。
7. 天板ごと網にのせて冷ます。粗熱が取れたら、クッキングシートごと天板からはずし、さらに網の上で冷ます。

本書のトライフルでは、スポンジを2cm角に切って使っています。

イギリスで人気の市販トライフルスポンジ。ビスケット大のスポンジが複数入っており、そのまま使ったり、小さくちぎったりカットしたりして使います。

●生クリームで作るトフィー

イギリスでは、市販のトフィー缶があるので重宝されていますが、残念ながら日本では手に入れることができません。
p.81では、コンデンスミルクの缶を150分湯せんして作るトフィーを、そしてここでは、150分も待てない!というかたのために、生クリームで時間をかけずに作るトフィーをご紹介します。

材料(仕上がり量 60g)
生クリーム(乳脂肪分35%)
　……100ml
グラニュー糖……70g
水……小さじ1と1/2

保存
熱いうちに煮沸した保存びんに
入れれば、
約1か月冷蔵保存可能。

作り方

1. 生クリームを小鍋に入れ、沸騰直前まで混ぜながら加熱する。
2. 別の鍋に、グラニュー糖と水を入れ、中火にかける(写真**a**)。栗色になるまで、鍋をゆする。シロップの糖分が結晶化するのを防ぐために、木べらなどを入れて混ぜない。
3. **2**が栗色になったら火から下ろし、**1**の生クリームを3回に分けて加えて木べらで混ぜる。
4. **3**の鍋を再び火にかけ、混ぜながら中火で30秒熱する。火から下ろし、冷めてとろりとしたらでき上がり(写真**b**)。

コンデンスミルクをキャラメル色に煮たトフィーの缶詰が売られているほど、イギリス人はトフィー好き。

レシピではお伝えしきれなかった
基本のテクニック

イギリス菓子作りは、おおらかさが魅力でもありますが、きちんと押さえておくと、ぐんとおいしくなるポイントがあります。
成功への近道は、基本を知ってそれをきちんと守ることです。

●生クリームを8分立てにする

ボウルをふたつ用意して、ひとつに生クリームを、もうひとつに氷水を入れます。生クリームの入ったボウルの底を氷水に当てて冷やしながら、泡立器で泡立てます。次第にとろみが出て、泡立器でクリームをすくったときに、軽くつのが立ち、先がわずかにおじぎする堅さになれば8分立ての目安。泡立てすぎると分離するので注意します。

NG! こうなったら泡立てすぎ

生クリームがボソボソしてきたら泡立てすぎ。こうなったらもう元には戻せないので、とろみがついてきたら、注意深く様子を見ながら泡立てるようにしましょう。

●卵白を泡立ててメレンゲを作る

まずは、泡立器やボウルなどをきれいに洗って水気を拭きます。余分な油分がついていたり、卵黄が混ざっていたりすると、卵白は堅く泡立ちません。卵白をボウルに入れたら、ハンドミキサーでこしを切り、グラニュー糖の1/3量を加え、その後、低速で泡立てます。気泡がまだ不揃いでも、全体がふんわりしてきたら、残りのグラニュー糖を2回に分けて加えて、そのつどさらに泡立てます。すくってみるとピンとつのが立ち、混ぜたときのすじが消えない堅さになればよいでしょう。泡立てすぎると、なめらかさがなくなるので注意します。

●レモン、オレンジの皮をすりおろす

レモンとオレンジはなるべく国産のノーワックスで、農薬・防カビ剤不使用のものを使います。ワックスがついている場合は、粗塩を手に取り、全体にまぶしてよくこすってから水洗いし、水気を拭きます。表皮はおろし金で、黄色、オレンジ色の部分だけをすりおろします。白い部分は苦みがあるのでおろしません。おろし金の目に詰まった皮も、竹串などで集めて使います。

●抜き型に打ち粉をまぶす

ビスケットやスコーンなどの生地を型抜きするときには、1枚抜くたびに必ず型に打ち粉（強力粉）を十分にまぶしつけます。こうすると抜き型に生地がつかず、すぱっときれいな切り口で抜けます。写真のように、たっぷりの粉を用意して、生地の厚さ分以上、抜き型を粉にうずめながら行うと効率的です。とくにスコーンは鋭く型抜きすると、きれいに焼き上がります。

●粉を合わせる

本書のレシピでは、粉を万能こし器でふるう前に、薄力粉やベーキングパウダーなどの粉類を、複数「合わせる」工程がよく出てきます。むらなく混ぜるために、プラスチックの密閉容器などに粉類を入れてシェイクすると簡単に均一に混ぜることができます。この後、万能こし器でふるいます。

●木べらでさっくり混ぜる

粉類を加えた生地を混ぜるときによく出てくる表現です。さっくりというのは、木べらで生地を底から大きく返して混ぜること。力を入れてぐるぐる混ぜたり、練り混ぜたりしないようにします。

●カードでバターを切り混ぜる

サイコロ状に切って冷やしたバターを粉に合わせるときには、少しコツがいります。カードの丸い方を使って、バターを細かく刻みながら、粉全体に散らばらせながら粉をまぶします。このとき、バターと粉を練り混ぜないように注意します。

そぼろ状にする

バターが細かく刻まれて粉全体に散らばったら、右上の写真のように指先をこすり合わせて、バターの大きな粒をさらに細かくしていきます。粉の粒子ひと粒ずつにバターをなじませる感じです。手の熱を加えないように指先だけを使ってください。右下の写真のようにさらさらしていて、「粉チーズ」のようなそぼろ状になればOKです。

※イングランドを分ける4つの地域は、行政区画ではなく、本書でお菓子を紹介するための便宜上の区分です。

イギリス お菓子MAP 🇬🇧

イングランド、スコットランド、ウェールズ、北アイルランドからなるイギリス。本書で紹介しているお菓子の出身地はその各地におよび、個性豊かなのが魅力です。伝統菓子、地方菓子の故郷を地図の上で見てみましょう。

スコットランド
- トリークルスコーン
- ショートブレッド
- オートミールのクランベリービスケット
- 田舎スコーン
- オートミールのビスケット
- 全粒粉のレーズンスコーン
- セビルオレンジマーマレード（ダンディー）
- ダンディーケーキ
- エディンバラ

北アイルランド
- アイリッシュコーヒー

イングランド 北部
- ヨーク地方のスコーン
- ブリティッシュティーケーキ
- ケンダルミントケーキ（ケンダル）
- カートメル
- スティッキートフィープディング
- パーキンローフ（ヨーク／リーズ）
- ベイクウェルスライス（ベイクウェル）
- レモンカード
- マンチェスター

ウェールズ
- ウェリッシュケーキ
- ボイルドフルーツケーキ

イングランド 中部
- オレンジプディング
- イギリスのパンケーキ
- トライフル
- チーズビスケット

イングランド 南部
- サマープディング
- チョコレートプディング
- レモンメレンゲパイ
- ヴィクトリアサンドイッチケーキ（ワイト島）
- バノフィーパイ（イーストボーン）
- ロンドン

イングランド 南西部
- デヴォン
- コーンウォール
- デヴォンのアップルダッピー
- コーニッシュロックケーキ
- クロテッドクリーム
- イースタービスケット
- セイボリースコーン
- ロンドンのスコーン
- バッテンバーグケーキ
- イートンメス
- メイズオブオナー

126

お わ り に

「イギリスでおいしいものを食べようと思ったら、毎食ブレックファストを食べろ」といわれたイギリス。食事にあれこれ言わないことが紳士といわれたのはむかしの話。今のイギリスでは、テレビで料理番組が一日じゅう流れ、菓子料理本があふれ、欧州はもちろんのこと、移民の人々のお国料理も入り混じり、万国の味が競うように存在しています。そのイギリスで、忘れ去られることなく、まるで呼応するかのように脚光を浴びるのが古くからあるイギリス菓子です。新しいものが入ると、同時に、より古いものを大切にするのがイギリス人の気質なのです。

今回イギリス菓子をまとめるにあたり、お菓子が生まれたきっかけや歴史背景を改めて調べ、古書と現代のレシピを読みくらべました。気づいたのは、古くから伝わるその個性的な姿や味が、ほとんど変わらず今も残って親しまれていることです。

連合王国となるまでの複雑な歴史、南北に長く広がる国土において、かつては現代より厳しい自然と生活環境だった北部、メキシコ湾流の恩恵を受ける南西部、植民地からの産物が入る沿岸の街、放牧が盛んな内陸の地方、それぞれの地域の特色を生かしたバラエティ豊かなお菓子の数々が登場しました。また、王室の歴史のなかで生まれたお菓子や、宗教に由来するお菓子、季節の旬の収穫物をふんだんに使ったお菓子もあります。これらからは、今もむかしも変わらない、イギリスの姿や人々の生活そのものが見えてくるのです。そしてその多くが、今も同じようにイギリスの人々の生活の一部となって、愛され続けています。古くて新しいイギリスなのです。

ティータイムのお菓子を作り、紅茶をいただきながらその歴史に思いを馳せることができるのも、イギリス菓子の奥深さの魅力。豊かなティータイムをお楽しみいただけますよう、本書がそのお手伝いになりましたらうれしいです。

最後に、この本をまとめるにあたりお世話になったスタッフのみなさまに、この場を借りてお礼申しあげます。そしてこの本を手に取ってくださったみなさま、イギリス菓子を愛し、教室に来てくださる生徒のみなさまにも感謝の気持ちでいっぱいです。いつもサポートしてくれた家族にもありがとう。

Finally:
Thanks Liz for the pretty photo. I love it very much. Special thanks to Mr. Peter Bird and all of my friends in Luckley Wood who gave me the useful advice to write this book. With love from Tamao.

砂古 玉緒

砂古 玉緒（さこ たまお）

英国菓子研究家、製菓衛生師
英国菓子教室「The British Pudding」主宰

広島生まれ。イギリス在住のべ10年の間にイギリス菓子の研究、製作を行う。2004年にお菓子教室をスタートし、日本とイギリスで人気を博す。ロンドン、東京、大阪での講演会が好評を博し、現在広く活躍中。2012年には、イギリスで有名な「国際オリジナルマーマレード賞」というコンテストにて、「女王のためのマーマレード」部門と「柑橘類の種類限定なしマーマレード」部門でシルバーメダルをダブル受賞。同年末に帰国、2013年6月より大阪で英国菓子教室「The British Pudding」を開講。イギリスの伝統菓子、地方菓子、アフタヌーンティーのお菓子製作指導に加え、お菓子にまつわる歴史的背景などを積極的に伝える。NHK連続テレビ小説「マッサン」では、スコットランド料理・菓子製作指導も行った。イギリスの古書を読み、お菓子の歴史や配合を研究することがなにより好き。本書は、これまでのお菓子作りを総集した初めてのレシピ集。続刊に『イギリスの家庭料理』（世界文化社刊）がある。

英国菓子教室
「The British Pudding」
ホームページ http://www.britishpudding.com/

Staff

文・菓子製作・レシピ・スタイリング／砂古玉緒
（スタイリングに使った食器・小物はすべて著者私物）
撮影／辻丸純一（p.58、82、108、115、119）、
　　　大見謝星斗（世界文化社写真部 p.6～8、
　　　10～11、13一部、16～20、22～23、26～29、37、
　　　39、54～56、65、107、124）
写真／砂古玉緒、根岸裕美、Evita Newcomb
イラスト／朝倉めぐみ
撮影協力／山口博子
編集／根岸裕美
編集部／伊藤尚子
デザイン／山川香愛（山川図案室）
校正／株式会社円水社

<参考資料>

Alan Davidson, *The Oxford Companion to Food*,
Oxford University Press, 1999.

Andrew Webb, *Food Britannia*, Random House Books, 2011.

J. White, *Cheap Biscuits and Cakes for Factory and Bakehouse*,
Maclaren & Sons, 1908.

John Ayto, *The Diner's Dictionary, Word Origins of Food & Drink*,
Oxford University Press, 1990.

Mark Blaylock, *All you want to know about Fruit*,
The Little Big Voice – London, 2011.

Miriam Polunin, *The Wholemeal Kitchen*, William Heinemann Ltd, 1977.

Mrs. Isabella Beeton, *Book of Household Management*, Ward Lock and Co.

Nicholas Lodge, *The Victorian Book of Cakes*,
Charles Letts and Company Ltd, 1991.

Nigel Cassidy; Philippa Lamb, *Battenberg Britain*,
Michael O'Mara Books, 2009.

Penny Bazaar, *Traditional Christmas Cooking*, Tigerprint Ltd, 1990.

Sam Dimmick; et al., *The Temptations of the Hungry Monk*,
Hungry Monk Publications, 2001.

お茶の時間のイギリス菓子
伝統の味、地方の味

発行日　2013年10月15日　初版第1刷発行
　　　　2022年 7 月30日　　　第7刷発行

著者　砂古玉緒
発行者　竹間 勉
発行　株式会社世界文化ブックス
発行・発売　株式会社世界文化社
　　　〒102-8195 東京都千代田区九段北4-2-29
　　　電話 03-3262-5118（編集部）
　　　電話 03-3262-5115（販売部）
印刷・製本　共同印刷株式会社
©Tamao Sako, 2013. Printed in Japan
ISBN 978-4-418-13340-6

落丁・乱丁のある場合はお取り替えいたします。
定価はカバーに表示してあります。
無断転載・複写（コピー、スキャン、デジタル化等）を禁じます。
本書を代行業者等の第三者に依頼して複製する行為は、
たとえ個人や家庭内での利用であっても認められていません。